U0503335

复杂投资行为与资本市场异象

——计算实验金融研究

Computational Experimental Financial Study on Complex
Investment Behavior and Capital Market Anomalies

隆云滔 著

经济管理出版社
ECONOMY & MANAGEMENT PUBLISHING HOUSE

图书在版编目（CIP）数据

复杂投资行为与资本市场异象：计算实验金融研究 / 隆云滔著. —北京：经济管理出版社，
2019. 4

ISBN 978-7-5096-6570-1

Ⅰ. ①复… Ⅱ. ①隆… Ⅲ. ①资本市场—投资行为—研究—中国 Ⅳ. ①F832. 5

中国版本图书馆 CIP 数据核字（2019）第 081603 号

组稿编辑：宋　娜
责任编辑：宋　娜　田乃馨　张馨予
责任印制：梁植睿
责任校对：王淑卿

出版发行：经济管理出版社
　　　　　（北京市海淀区北蜂窝 8 号中雅大厦 A 座 11 层　100038）
网　　　址：www. E-mp. com. cn
电　　　话：(010) 51915602
印　　　刷：三河市延风印装有限公司
经　　　销：新华书店
开　　　本：720mm×1000mm/16
印　　　张：14
字　　　数：208 千字
版　　　次：2019 年 6 月第 1 版　　2019 年 6 月第 1 次印刷
书　　　号：ISBN 978-7-5096-6570-1
定　　　价：98.00 元

·版权所有　翻印必究·
凡购本社图书，如有印装错误，由本社读者服务部负责调换。
联系地址：北京阜外月坛北小街 2 号
电话：(010) 68022974　　邮编：100836

第七批《中国社会科学博士后文库》编委会及编辑部成员名单

（一）编委会

主　任：王京清

副主任：马　援　张冠梓　高京斋　俞家栋　夏文峰

秘书长：邱春雷　张国春

成　员（按姓氏笔划排序）：

卜宪群　王建朗　方　勇　邓纯东　史　丹　朱恒鹏　刘丹青

刘玉宏　刘跃进　孙壮志　孙海泉　李　平　李向阳　李国强

李新烽　杨世伟　吴白乙　何德旭　汪朝光　张　翼　张车伟

张宇燕　张星星　陈　甦　陈众议　陈星灿　卓新平　房　宁

赵天晓　赵剑英　胡　滨　袁东振　黄　平　朝戈金　谢寿光

潘家华　冀祥德　穆林霞　魏后凯

（二）编辑部（按姓氏笔划排序）：

主　任：高京斋

副主任：曲建君　李晓琳　陈　颖　薛万里

成　员：王　芳　王　琪　刘　杰　孙大伟　宋　娜　陈　效

　　　　苑淑娅　姚冬梅　梅　玫　黎　元

本书获国家自然科学基金"面向经济复杂性的行为建模与计算实验及应用研究"（项目编号：71471177）、中国科学院科技服务网络计划（STS 计划）项目"'硬科技'发展战略研究与宣传"（项目编号：KFJ-STS-RKT-007）项目资助。

序　言

博士后制度在我国落地生根已逾 30 年，已经成为国家人才体系建设中的重要一环。30 多年来，博士后制度对推动我国人事人才体制机制改革、促进科技创新和经济社会发展发挥了重要的作用，也培养了一批国家急需的高层次创新型人才。

自 1986 年 1 月开始招收第一名博士后研究人员起，截至目前，国家已累计招收 14 万余名博士后研究人员，已经出站的博士后大多成为各领域的科研骨干和学术带头人。其中，已有 50 余位博士后当选两院院士；众多博士后入选各类人才计划，其中，国家百千万人才工程年入选率达 34.36%，国家杰出青年科学基金入选率平均达 21.04%，教育部"长江学者"入选率平均达 10% 左右。

2015 年底，国务院办公厅出台《关于改革完善博士后制度的意见》，要求各地各部门各设站单位按照党中央、国务院决策部署，牢固树立并切实贯彻创新、协调、绿色、开放、共享的发展理念，深入实施创新驱动发展战略和人才优先发展战略，完善体制机制，健全服务体系，推动博士后事业科学发展。这为我国博士后事业的进一步发展指明了方向，也为哲学社会科学领域博士后工作提出了新的研究方向。

习近平总书记在 2016 年 5 月 17 日全国哲学社会科学工作座谈会上发表重要讲话指出：一个国家的发展水平，既取决于自然科学发展水平，也取决于哲学社会科学发展水平。一个没有发达的自然科学的国家不可能走在世界前列，一个没有繁荣的哲学社会科学的国家也不可能走在世界前列。坚持和发展中国特色社会主义，需要不断在实践中和理论上进行探索、用发展着的理论指导发展着的实践。在这个过程中，哲学社会科学具有不可替代的重要地位，哲学社会科学工作者具有不可替代的重要作用。这是党和国家领导人对包括哲学社会科学博士后在内的所有哲学社会科学领域的研究者、工作者提出的殷切希望！

中国社会科学院是中央直属的国家哲学社会科学研究机构，在哲学社会科学博士后工作领域处于领军地位。为充分调动哲学社会科学博士后研究人员科研创新的积极性，展示哲学社会科学领域博士后的优秀成果，提高我国哲学社会科学发展的整体水平，中国社会科学院和全国博士后管理委员会于 2012 年联合推出了《中国社会科学博士后文库》（以下简称《文库》），每年在全国范围内择优出版博士后成果。经过多年的发展，《文库》已经成为集中、系统、全面反映我国哲学社会科学博士后优秀成果的高端学术平台，学术影响力和社会影响力逐年提高。

下一步，做好哲学社会科学博士后工作，做好《文库》工作，要认真学习领会习近平总书记系列重要讲话精神，自觉肩负起新的时代使命，锐意创新、发奋进取。为此，需做到：

第一，始终坚持马克思主义的指导地位。哲学社会科学研究离不开正确的世界观、方法论的指导。习近平总书记深刻指出：坚持以马克思主义为指导，是当代中国哲学社会科学区别于其他哲学社会科学的根本标志，必须旗帜鲜明加以坚持。马克思主义揭示了事物的本质、内在联系及发展规律，是"伟大的认识工具"，是人们观察世界、分析问题的有力思想武器。马克思主义尽管诞生在一个半多世纪之前，但在当今时代，马克思主义与新的时代实践结合起来，越来越显示出更加强大的生命力。哲学社会科学博士后研究人员应该更加自觉地坚持马克思主义在科研工作中的指导地位，继续推进马克思主义中国化、时代化、大众化，继续发展 21 世纪马克思主义、当代中国马克思主义。要继续把《文库》建设成为马克思主义中国化最新理论成果宣传、展示、交流的平台，为中国特色社会主义建设提供强有力的理论支撑。

第二，逐步树立智库意识和品牌意识。哲学社会科学肩负着回答时代命题、规划未来道路的使命。当前中央对哲学社会科学愈加重视，尤其是提出要发挥哲学社会科学在治国理政、提高改革决策水平、推进国家治理体系和治理能力现代化中的作用。从 2015 年开始，中央已启动了国家高端智库的建设，这对哲学社会科学博士后工作提出了更高的针对性要求，也为哲学社会科学博士后研究提供了更为广阔的应用空间。《文库》依托中国社会科学院，面向全国哲学社会科学领域博士后科研流动站、工作站的博士后征集优秀成果，入选出版的著作也代表了哲学社会科学博士后最高的学术研究水平。因此，要善于把中国社会科学院服务党和国家决策的大智库功能与《文库》的小智库功能结合起来，进而以智库意识推动品牌意识建设，最终树立《文库》的智库意识和品牌意识。

第三，积极推动中国特色哲学社会科学学术体系和话语体系建设。改革开放 30 多年来，我国在经济建设、政治建设、文化建设、社会建设、生态文明建设和党的建设各个领域都取得了举世瞩目的成就，比历史上任何时期都更接近中华民族伟大复兴的目标。但正如习近平总书记所指出的那样：在解读中国实践、构建中国理论上，我们应该最有发言权，但实际上我国哲学社会科学在国际上的声音还比较小，还处于"有理说不出、说了传不开"的境地。这里问题的实质，就是中国特色、中国特质的哲学社会科学学术体系和话语体系的缺失和建设问题。具有中国特色、中国特质的学术体系和话语体系必然是由具有中国特色、中国特质的概念、范畴和学科等组成。这一切不是凭空想象得来的，而是在中国化的马克思主义指导下，在参考我们民族特质、历史智慧的基础上再创造出来的。在这一过程中，积极吸纳儒、释、道、墨、名、法、农、杂、兵等各家学说的精髓，无疑是保持中国特色、中国特质的重要保证。换言之，不能站在历史、文化虚无主义立场搞研究。要通过《文库》积极引导哲学社会科学博士后研究人员：一方面，要积极吸收古今中外各种学术资源，坚持古为今用、洋为中用。另一方面，要以中国自己的实践为研究定位，围绕中国自己的问题，坚持问题导向，努力探索具备中国特色、中国特质的概念、范畴与理论体系，在体现继承性和民族性、体现原创性和时代性、体现系统性和专业性方面，不断加强和深化中国特色学术体系和话语体系建设。

新形势下，我国哲学社会科学地位更加重要、任务更加繁重。衷心希望广大哲学社会科学博士后工作者和博士后们，以《文库》系列著作的出版为契机，以习近平总书记在全国哲学社会科学座谈会上的讲话为根本遵循，将自身的研究工作与时代的需求结合起来，将自身的研究工作与国家和人民的召唤结合起来，以深厚的学识修养赢得尊重，以高尚的人格魅力引领风气，在为祖国、为人民立德立功立言中，在实现中华民族伟大复兴中国梦的征程中，成就自我、实现价值。

是为序。

王京清

中国社会科学院副院长

中国社会科学院博士后管理委员会主任

2016 年 12 月 1 日

摘　要

　　资本市场复杂投资行为与金融异象是经济行为研究领域重大的理论和实践课题。本书以我国金融市场上真实投资行为分析为基础，通过计算实验金融方法研究复杂投资行为与资本市场典型化事实之间的对应关系。首先，在复杂适应系统与一体化建模分析框架下，研究投资者行为的异质性以及信息不对称分布等原因造成的复杂投资行为与金融异象；其次，利用计算实验金融方法，结合人类真实主体行为实验与虚拟主体计算实验的比较研究方法，构建基于投资者主体的一体化模型，模拟分析个人投资者的异质性行为，并对机构投资者与个人投资者的投资行为进行模拟比较研究，探讨计算实验在中国资本市场上广阔的应用前景。

　　资本市场典型化事实的涌现是投资者微观行为的具体表现。本书借助复杂适应系统思想中交互系统主体行为分析的思路，对金融市场的投资行为进行分析，并对股市舆论形成与投资行为模型进行拓展分析。在具有异质信念的资产定价模型中，利用演化金融思想，对投资者情绪进行归类分析，并改进投资者情绪模型，分析情绪对投资策略的影响。研究发现，投资者在"牛市"与"熊市"中的情绪表现与心理变化因投资者个体存在的异质性特征而差异显著，不同投资者对风险以及回报不确定性的态度迥异，往往出现反应不足或反应过度两种状态。

　　为从微观视角认识宏观复杂的经济现象，本书在系统性分析资本市场上信息不对称的原因以及所造成影响的基础上，进一步探讨复杂投资行为的复杂本质。根据投资者本身的异质性（如资产规模、知识差异、信息处理能力、入市经验以及所处的城市类型等）对投资者进行认知层次分析，着重对机构投资者与个人投资者的投资行为进行比较分析。结果发现，机构投资者与个人投资者之间存在许多差异，两者在资本市场上发挥着各自的重要作用。市场份额对投资者具有决定性作用，研究机构投资者与个人投资者在市场上所占市场份额具有重要意义。近年来，我国机构投资者的发展规模处于上升态势，而个人投资者的市场规模越来越小。合理发展机构投资者的规模可以稳定市场发展，而保证个人投资者的市场占比可在很大程度上活跃资本市场，借助计算实验金融方法研究资本市场投资行为具有重要价值。

最后，本书概括研究所得结论，提出相应的实施建议，指出本书研究中存在的局限性，并对未来的研究工作进行了展望。运用计算实验金融方法研究资本市场的发展意义重大，希望能推动计算实验与复杂适应系统方法在社会科学与政策科学领域的应用推广。

关键词：复杂投资行为；典型化事实；金融异象；计算实验金融；复杂适应系统；一体化建模

Abstract

The complex investment behavior in capital market and the financial anomalies are important theoretical and practical topoics in economic behavior research area. Based on the analysis of real investment behavior in China's financial market, this monograph studies the relationship between the complex investment behavior and the typical facts of the capital market through agent-based computational financial methods. Firstly, in the framework of complex adaptive system and integrated modeling analysis, the book studies study the complex investment behavior and financial anomalies caused by heterogeneity of investor behavior and information asymmetry. Secondly, an integrated model with stock market investor is constructed, based on agent-based computational financial approach, as well as the comparative study of real-and-virtual-subject behavioral experiments. Then the book simulates and analyzes the heterogeneity of individual investors, and compares the investment behavior of institutional investors with individual investors. Finally, the work discusses the extensive application prospects of agent-based computational experiments in China's financial market research area.

The emergence of the stylized facts in capital market actually is the macro reflect of investors micro behavior. The work then analyzes the investment behavior of the financial market with the help of behavioral analysis in interactive system, and extends the model of consensus formation as well as investing behavior in stock market. The evolutionary financial approach is employed to analyze and classify investor sentiment in an asset pricing model with heterogeneous beliefs, and some improvements have been made to analyze the influence of sentiment on investment strategy. It is found that there are significant differences in emotional performance and psychological changes between bull market and bear market. Due to the heterogeneity of investors, different investors have different attitudes to the risk and the uncertainty of return, which usually comes down to two kinds: lack of reaction or overreaction.

On the basis of systematic analysis of the causes and effects of information asymmetry on the capital market, the complex nature of investing behavior is further explored in order to understand the macro and complex economic phenomena from a micro perspective. Furthermore, an investors cognitive level analysis was carried out on the basis of investor's heterogeneity, e.g., asset size, knowledge difference, information processing ability, market experience and the type of city, with a comparative analysis of the behavioral difference between institutional investors and individual investors. The study shows that there are significant differences between institutional investors and individual investors, and both of them play an important role in the capital market. Market share plays a key role for investors. The market share of institutional investors and individual investors in the market is of great significance. In recent years, the scale of institutional investors in China's financial market is on the rise, and the market size of individual investors is getting less and less. It shows that a reasonable development of institutional investors can stabilize the development of the market, while ensuring the market share of individual investors can activate the capital market to a large extent.

Finally, the monograph summarizes the main resutls, puts forward the corresponding implementation suggestions, points out the limitations, and discusses future research directions. It is of great significance to study capital market development through agent-based computational finance methods, and we hoped to promote the application and popularization of computational experiments and complex adaptive system methods in social sciences and policy sciences.

Key Words: Complex Investment Behavior; Stylized Facts; Financial Anomalies; Agent-based Computational Finance; Complex Adaptive Systems; Integrated Modeling

目　录

Contents

第一章　绪　论

从投资者真实行为探讨分析资本市场复杂现象是一个新的研究视角，需要深入理解和把握不对称投资行为。本章简要阐述了研究背景与意义、结构框架、技术路线以及创新点。第一节探讨复杂金融环境下研究资本市场复杂投资行为的意义与必要性；第二节给出本书的结构框架与技术路线；第三节总结本书的创新点。

第一节　研究背景与意义

金融市场的不断发展，引起了广大学者对投资行为的关注，特别是资本市场中复杂投资行为与典型化事实的内在对应关系研究。目前对投资行为分析尚处于探索阶段，加强该领域的理论与方法研究对资本市场的健康稳定发展具有非常重要的意义。

20 世纪 80 年代以来，随着金融市场的发展完善，对金融市场的大量实证研究表明存在许多现代金融学难以解释的市场异象（Anomalies）和投资者的复杂决策行为。Fama（1970）提出的有效市场假说（Efficient Markets Hypothesis，EMH）理论[①] 遭到了许多实证性的反驳，特别是在金

[①] EMH 理论依赖三个基本假设：一是投资者是理性的，能合理评估证券价值；二是就算存在部分非理性投资者，其影响也会由于他们交易的随机性而互相抵消，不会影响到证券价格；三是即使非理性投资者的行为是非随机的（即具备相似性），他们对价格的影响也足以被理性套利者所消除（Schleifer，2000）。

融市场上，EMH 已完全不能解释诸如"元月效应"、流动性过剩等金融异象。为合理解释这些金融市场异象，行为金融学与计算实验金融学应运而生。这些理论通过分析日益复杂的当代金融活动中市场主体（决策者）的行为特征，特别是将心理学以及认知科学的理论融入金融学中，试图从微观个体行为以及产生这种行为的心理等动因来解释、研究和预测金融市场发展的特征及规律。

2008 年全球金融危机充分暴露了现代金融系统的脆弱性、金融危机的巨大破坏力以及传统理论方法的局限性。此后，许多著名科学家在国际顶尖杂志上发表评论性文章，试图用计算实验建模的方法为金融理论的发展提出新的系统性框架。例如：著名科学评论家 Buchanan（2009）在 *Nature* 上发文指出，计算实验金融思想是预防下一轮金融危机富有潜力的措施，并已取得了一些富有成效的研究成果，开始获得政策制定者的支持。美国圣菲研究所（Santa Fe Institute）的著名学者 Doyne 和 Foley（2009）也在 *Nature* 上撰文提出，经典金融理论由于理性人假设的不合理及数理解析等研究方法的局限性难以对金融危机后的经济政策提出科学合理的建议。他们特别强调了计算实验建模方法在制定有效的经济金融政策方面具有重要意义，并论证了计算实验建模方法在分析金融危机成因方面的潜力，指出可构建完善的计算实验经济体系对未来经济金融发展提供有效的预测。此外，为应对资本市场的系统复杂性及投资者行为的复杂多样性，圣菲研究所还探索利用复杂系统科学理论建立人工股票市场（Artificial Stock Market，ASM），推动计算实验在金融市场的应用，并取得了许多重要进展。

对不对称投资行为的研究可从源头上挖掘投资者的行为动机与影响投资者真实行为的现实因素（隆云滔，2013）。通过深入分析资本市场上股票投资者的复杂行为与投资决策动机，可以进一步探索在特定投资环境下投资者的行为表现与市场特性。宏微观一体化建模技术（以下简称"一体化建模"）可以综合权衡微观层面投资者行为与宏观层面资本市场典型化事实的涌现。不同于传统计量模型只能针对某些特定的因素进行量化分析，一体化建模技术的引入对当前我国资本市场、房地产市场以及劳动力市场的研究也具有许多新颖的视角。通过一体化建模技术与计算实验，可以将人类真实主体投资者与虚拟计算主体投资者之间的行为进行对应，有助于细化投资者的行为研究，对资本市场的发展研究也有非常重要的借鉴意义。资本市场投资者的不对称行为研究对投资者的决策以及其他投资者的影响非常大，不对称投资行为被认为是金融市场信息不对称所造成的结果，或者说是由投资者对信息的反应程度不同而产生的投资决策的差异所致。然而，投资者的集聚行为必然会导致资本市场宏观层面的表象不一，从而对资本市场的典型化事实造成影响。本书试图通过社会科学计算实验的方法，运用复杂系统科学的建模思想，结合中国股票市场真实的交易数据，提取影响投资者决策的关键性因素，在计算模型中设置对应的行为属性参数，进一步细化复杂投资行为对资本市场典型化事实的影响。在研究对象上，侧重对我国资本市场机构投资者①的投资决策进行分析，兼顾对大量个人投资者②行为的探讨，通过对资本市场投资者的策略分析，深入研究我国当前的金融政策对资本市场的影响。如果能够清晰地揭示投资者的微观行为如何影响资本市场宏观典型化事实的机制，则可以从影响机制入手提出更好的服务投资者的政策建议，从而为金融政策的制定与实施提供现实分析的依据。

第二节　结构框架与技术路线

　　本书一共包括六个章节，图1-1的结构框架直观地给出了各章的逻辑关系。

---

① 本书中的机构投资者指的是金融市场中专业化的管理自由资金或从分散的公众手中筹集的资金，专门进行有价证券投资活动的法人机构，主要包括保险公司、养老基金、投资基金、证券公司与银行等。具有管理专业化、结构组合化、行为规范化等特点。
② 个人投资者是指以自然人身份从事股票买卖的投资者，一般的股民则指以自然人身份从事股票交易的投资者。个人投资者通常具有以下特征：一是专业投资能力不足，投资的相关知识与经验较少；二是可投资的资金量较小；三是投资需求受个人所处生命周期的不同阶段和个人情况的影响，呈现较大的差异化特征；四是风险承受能力较弱；五是一般需通过基金销售服务机构进行投资。

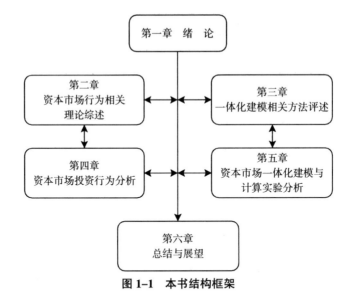

图 1-1 本书结构框架

第一章即本章阐述研究背景与意义、介绍结构框架与技术路线以及创新点。主要针对 2008 年全球金融危机以后涌现出来的复杂金融现象，指出研究复杂投资行为、资本市场典型化事实以及相互间对应关系研究的意义与必要性；将行为金融学与复杂适应系统相结合，并以此方法为复杂金融现象提供了一种全新的分析思路。

第二章针对资本市场行为相关理论进行综述。第一节介绍了资本市场典型化事实、有限理性以及认知层次理论等内容。资本市场典型化事实是投资者个体复杂经济行为在特定的投资环境下产生的，投资者微观行为涌现对宏观经济层面的影响可以通过复杂性分析来研究。传统经济学假设经济人是完全理性的，而有限理性是对有效市场假说的一种挑战，自 Simon（1957）提出以来已得到了大量论证与实践分析。认知层次理论是由行为经济学、认知心理学等学科相互结合后发展的结果，大部分都是基于行为经济学与博弈论建立行为模型，Camerer 等（2004）首次提出了认知层次模型并进行了推广。第二节系统阐述了期望效用理论、前景理论等金融学基础，对行为金融学与现代金融学进行比较分析，综述演化金融学的研究进展并提出了计算演化金融的概念。演化金融学与复杂适应社会系统的结合将是研究的热点。股市行为特征与行为金融之间的关系非常密切，从行为金融学的角度认识投资者的行为特征更为全面。第三节介绍了博弈论与实验经济学，并对博弈实验与计算实验进行了比较分析。

第三章是一体化建模相关方法评述。第一节阐述经济社会计算实验相关情况，从基于主体一体化建模的理论思想、计算实验分析、与人类主体实验的比较分析、与金融计量建模的比较以及有关实验平台与进展等几个方面进行分析。第二节论述经济系统计算实验基础，从复杂性科学与复杂适应系统分析方法、遗传算法在社会科学领域内的研究、NetLogo 软件应用等展开讨论。第三节简要介绍社会科学计算实验，从计算实验金融、计算实验与数值模拟、计算实验与数量经济学等进行比较研究。利用计算实验模拟方法，借助复杂适应系统科学的分析思路，探讨影响投资者个体投资决策的因素，对投资者的微观行为研究意义重大。

第四章对资本市场投资行为进行系统性研究。第一节概述我国股市基本行为特征，着重剖析影响我国股市发展的各项因素，并结合我国股市真实交易数据对投资者行为进行全面分析。第二节重点探讨金融市场中的交互主体，借助柯曼的舆论形成与投资模型构建交互系统主体行为模型，论证投资者行为的趋同性。第三节对投资者异质性进行建模，引入投资者异质信念，结合演化动力学，对投资者的异质性行为进行分析。第四节探讨资本市场上投资者的心理与行为，分别从"牛市"与"熊市"中的投资者心理、投资者预期心理以及非理性行为等几方面进行研究。第五节全面分析资本市场中的信息不对称，着重对信息不对称产生的原因与影响、不对称投资行为的复杂本质等进行研究分析。第六节是投资者类型分析，引入投资者分类模型与投资者情绪模型，探讨投资者情绪的量化指标，结合实务部门研究市场投资者情绪。第七节针对复杂涌现现象与典型化事实进行分析，着重从个体行为出发分析经济整体宏观涌现现象。

第五章是实验分析部分，主要是资本市场一体化建模与计算实验分析。第一节分析了基于主体的建模方法与资本市场行为分析的相关性，引入一体化建模的基准模型。第二节是资本市场基于主体的建模分析。第三节是不对称投资行为与典型化事实的建模分析，从投资者所处的投资环境、当前宏观政策以及周边朋友分享的股市信息探讨个人投资者对股市价格、回报率以及波动性的影响；考虑到我国机构投资者与个人投资者之间的差异性，构建一体化模型分析两者在资产水平相差较大、对外界信息获取以及处理能力迥异的情况下，对股市价格、回报率以及波动性的影响，试图研究资本市场中机构投资者与个人投资者行为差异以及受市场监管与否时的收益动态表现。第四节是计算实验的模拟分析。第五节分析计算实验在中国资本市场上的综合应用。

第六章是研究结论、建议以及展望，对本书进行了总结概括，给出相应的研究建议，并对未来的研究方向进行了展望。

第三节　创新之处

本书全面梳理分析了复杂投资行为、资本市场典型化事实的理论与实证文献，特别是对行为金融学、博弈实验以及计算实验的发展等方面的研究进展进行了系统性整理；系统地介绍了经济社会计算实验的应用研究理论基础与方法，着重介绍了基于主体一体化建模的理论思想、计算实验分析与计算实验平台。结合中国投资者实际情况，引入异质性因素，建立基于主体的一体化模型，探讨复杂投资行为与资本市场宏观涌现的典型化事实之间的内在关系，验证了投资者的异质性理念，分析当前我国资本市场的运作环境以及相应政策。

依据所设定的研究工作，本书在以下三个方面有所创新：

第一，在复杂适应系统思维框架下，利用计算实验金融方法分析投资者行为的异质性，详细论证信息不对称是导致复杂投资行为的根源，深化了对信息不对称和复杂投资行为及其相互关系的分析。分析投资者与市场、政府以及整个投资环境之间的关系，强调投资者的异质性，研究投资者之间的交互性，这些对资本市场的长远发展具有重要意义。

第二，拓展投资者情绪模型与认知层次模型的一些结论，引入异质性信念，对不同类型投资者在"熊市"与"牛市"对政策信号和市场基本面的响应及表现进行了验证解释。如投资者认知层次模型，基于投资者认知层次行为，将投资者分为不同类型，从资产规模、地域差异、投资经验等几方面分析。投资者情绪模型的构建主要是基于情绪因素来分析的，考虑投资者在"牛市""熊市"的心理变化，其情绪波动也较为明显。但准确反映投资者情绪的模型或工具目前尚属少数，在研究投资者情绪对资本市场典型化事实方面具有广阔的研究空间。

第三，本书着重利用计算实验金融方法分析机构投资者与个人投资者的行为特征，阐释人类社会复杂经济现象的根源是个体行为的异质性和交互性。采用 NetLogo 计算建模软件分析投资者的异质性、投资者对风险的态度以及资本市场的典型化事实涌现等，通过计算实验方法构建一体化模型，为揭示微观个体行为影响宏观经济的机理提供新的研究思路和分析途径。在资本市场上探析人类主体实验与计算主体实验相结合的技术方法的应用，具有方法论上的探索意义。

本书在前人研究工作的基础之上，在以上三个方面有所贡献，但囿于本人的学识与现有的研究条件，尚未能更为深入全面地展开探讨，仍存在诸多不足之处，将在后续工作中不断地深入探索和验证。

复杂动力学提供解释。

二、有限理性

有效市场假说（Efficient Market Hypothesis，EMH）能解释金融市场的大部分经济现象。传统经济学中，如果所有信息能完全反映在当前市场价格上，市场被假定是有效的（Fama，1970）[①]。根据投资者（决策者）可以获得的信息情况，有效市场又分为三个层次：①弱形式有效市场——只能获取历史价格信息；②半强形式有效市场——能获得所有可公开获取的信息；③强形式有效市场——能获得所有信息，包括公开信息和内幕信息。

有效性的概念是金融学的核心，学术界与经济学界已将有效性的概念广泛应用到资本市场，并产生了大量关于有效市场假说的理论与经验研究。如 Cootner（1964）认为 EMH 的弱形式与随机游走假说有关系，随机游走表明投资回报是一系列独立的过程，也就是说下一期的回报并不是以前回报的函数，价格仅依赖新信息而变化。Sewell（2012）分析了 1928~2012 年伦敦资本市场（对道琼斯工业指数进行分析），发现有效市场假说的弱形式也是不成立的，根据笔者的研究，该指数往往会在一年内取得越来越高的回报，然后在接下来的三年内，其回报率会下降。"市场或价格可能失效"的一个原因可能是投资者对活动公告的疏忽，这引起了大量的讨论（Hirshleiferu 等，2013）。一些人认为随着时间的推移，这种疏忽可能会导致价格的低反应和收益的可预测性。Birau（2015）对罗马尼亚和匈牙利两个国家资本市场的有效市场假说的弱形式进行了比较研究，发现没有国家存在弱形式的有效资本市场（一种可能的解释是每个市场的成熟度存在差异）。

Țițan（2015）的研究指出很难对有效市场假说进行检验，但随着市场或经济条件的改变，很有可能会出现新的理论模型将这些改变都纳入考虑。基于这样的原因，有必要继续开展经验研究来判断资本市场是不是有

[①] EMH 的提出可追溯到 Bachlier（1964）的理论贡献与 Cowles（1933）的实证工作。

资者的惯性行为与他们在"在线回馈"式众筹市场的重复决策进行了研究,发现投资者的惯性行为回报比投资的时间选择更重要。

复杂性研究认为决定经济系统重要事件与典型化事实的主要因素不是单个"经济人"的动机或理性动机,而是制约分工扩展的三方面力量,即市场规模、资源种类以及环境变化(王诚,2007)。分工不同以及事物的多样性造就了经济体的复杂性,其与经济稳定性产生矛盾,因而为了调和这些矛盾,微观个体与宏观主体在市场经济活动与经济发展过程中必须做出一系列的权衡与选择。选择与权衡的过程往往会产生许多"典型化事实",用新古典经济学理论无法解释,而其在复杂性系统的分析范畴内往往能得到很好的分析(陈平,2002,2006)。

资本市场典型化事实表现为厚尾分布(Gopikrishnan 等,2001)、长期相关性(Muchnik 等,2009)、波动性聚集(Oh 等,2008)、缩放或多重缩放(Chen 和 He,2010)以及混沌(Adrangi 等,2001)等。Ferreira 等(2005)通过引入多主体模型,将主体分成对基本价格有异质信念的生产者、基本面投资者与投机性投资者,成功分析了资本市场上的波动性聚集、厚尾分布、不相关回报以及绝对回报的缓慢衰减等典型化事实。复杂性的进一步研究需要以高深的数学技巧为基础,从而能够更加准确地处理本质上属于开发系统的经济现象与经济问题。复杂性分析的发展速度以及认可度虽然在一定程度上受到了限制(成思危,1999),但复杂性分析方法将为典型化事实建立新的研究发展方向。Christophers(2017)、Xiao 和 Yue(2018)指出大多数典型化事实都会涉及"金融化",通过对典型化事实的分析可增强对"金融化"的了解,而主流经济学在这方面则较难有所发现。在过去十几年内,金融市场的典型化事实研究已非常成功,在经验研究方面也取得了不少进步。鉴于基于主体建模(Agent-based Modeling,ABM)的非线性与主体本身的内在异质性,对数据进行基本处理后才能应用到 ABM 中。Lux 和 Zwinkels(2017)给出 ABM 的实证 经验研究,并对其他领域的模型与数据类型的应用与评估方法进行了讨论。Trimborn 等(2018)指出行为金融市场模型的平均场局限,其构建的动力学模型可以对大部分金融典型化事实进行重现,其分析结果能够为模型的基本特征的富有代表性的关键性事实（王诚，2007），是从对不同市场与工具进行观察研究得到的一系列性质中抽象出的共同特征。从本质上说，"典型化事实"的概念不仅是一种客观反映，更是一种学术共识。典型化事实经常产生于资产回报的定性性质，因而不能足够精确地区分不同的参数模型，"卡尔多典型化事实"是宏观经济领域中具有代表性的一组典型化事实（Kaldor，1961）。Cont（2001）介绍了不同金融市场（如外汇市场、股票市场等）涌现的典型化事实，对金融市场指数与股票回报的典型特征进行了归纳总结。Cesaroni 和 Malgarini（2011）对欧洲地区的商业周期的典型化事实与库存行为进行了研究，发现外在与内在的冲击会长时间对库存流动性产生影响。Challet 等（2012）对常见的金融市场模型——少数者博弈（the Minority Game）研究后发现，微调后的模型可产生典型化事实：若没有引入投机者，则市场价格将服从随机游走模式；如果引入足够多的投机者，典型化事实则会消失。此外，对典型化事实的研究在社会科学领域也引起了许多学者的关注，如 Jo 等（2018）通过构建社区静态模型描述社交网络的典型化事实，如网络的广泛分布、社区的存在以及协调组合等。

资本市场典型化事实一般指的是不能被传统金融理论，如资产定价模型等解释的各种金融异象。可以从多个角度分析资本市场典型化事实，比如从横截面与时间两个角度分析：横截面的典型化事实是指在指定的时间内，在同一时刻选择不同的投资组合，在相同的持有期内观察投资组合的差异性，并找出与传统理论相悖的结论，比如惯性与反转等。时间方面的典型化事实是指无须考虑不同股票的特征差异，但从时间角度观察收益率的不同变化，例如过度波动与尖峰厚尾等现象。Babecky 等（2014）构建了 40 个发达国家在 1970~2010 年涵盖危机的季度数据库，呈现了对银行、贷款与货币危机的典型化事实，采用面板向量自回归模型发现银行业与债务危机是相互关联的，而且还优先于货币危机，但反之不然。Kim（2015）对一些与公共投资者的资产配置相关的投资策略的典型化事实进行了评论，并通过历史分析法发现债券的风险回报特征与当前的收益率水平有很大关系，股票价格最终会受到商业周期的影响。Xiao 和 Yue（2018）对投

第二章 资本市场行为相关理论综述

深入分析资本市场行为需要全面挖掘投资行为的相关理论，投资行为表现一般基于投资者本身的复杂行为决策。投资者投资策略与有限理性假说、行为经济学与博弈实验等领域密切相关，本章探讨本书所需的理论基础：资本市场典型化事实、有限理性以及认知层次理论，并对金融学基础、博弈实验与计算实验等进行简要论述。

第一节 投资行为认知理论基础

本节探讨资本市场典型化事实、复杂投资行为的根源——有限理性、认知层次理论以及它们之间的对应关系与内在机理等，这些理论对现代金融学的发展具有较大影响：资本市场典型化事实从宏观层面上分析投资者行为的整体涌现行为，对研究经济问题具有指导意义；有限理性从经济微观个体着眼，刻画个体行为的理性程度，只有在有限理性的假设条件下分析复杂投资行为及影响才能更贴近现实；认知层次理论可为投资者在各种复杂环境下的投资决策提供参考建议，可帮助人们在没有足够信息的条件下做出明智的经济决策。

一、资本市场典型化事实

典型化事实（Stylized Facts）是一种能够反映经济运行的真实状态与

更为复杂（具有 2 级信念）的参与者认为其他参与者是 1 级参与者；等等。这种认知模式一直持续到最高级别的参与者，任何参与者都只有一个有限深度的推理策略，即单个参与者在策略性推理的深度方面是有限的。

Keynes（1936）的选美博弈是一个很好的例子：每个参与者从 1~100 选择 1 个数，如果这个数与所有参与者所选数的平均值的 1/2 最接近的话，则该参与者获胜。一个 0 级参与者可能会随机选取数字。1 级参与者会认为所有其他参与者都是 0 级的，而如果博弈中所有其他参与者都是 0 级水平的话，那么所有选择的数的平均值大约是 50，因此 1 级参与者将选择 25。2 级参与者认为其他的参与者是 1 级的，因为 1 级参与者会选择 25，所以 2 级参与者将会选择 13……这个过程会一直重复到最高级别的参与者。

行为理论通常假定参与者是策略性思考的，意味着参与者在其他参与者可能的决策基础上调整自己的行动，在某种程度上为他们各自的目标服务。然而，在许多博弈中，不管是真实的博弈还是构造的虚拟博弈，都很难通过标准分析方法预测均衡的产生。Keynes 选美博弈的标准解法是由优势策略的迭代剔除得到的。结合选美博弈的分析思路，一个完全理性的参与者会发现选择得最多的数应该是 50。该参与者也会预测其他参与者也知道这个行为规则，于是最大可能的数是 25。但是其他的参与者也知道这些，该过程会无限重复，最后得出所有的参与者都会选择 1。但实验证据却偏离了这个纳什均衡解，经验表明大部分参与者会选择 25 或者 13，这个选择符合 1 级或 2 级推理的深度，也符合认知层次理论的分析，只有少部分参与者展现大于 2 级的推理深度（Rosemarie，1995；Camerer 等，2004）。

认知层次理论假定博弈中的策略思考是一种重复的过程，同时假定每个博弈参与者都认为自己比其他参与者对博弈结构的认识要多（每个参与者都相信他自己的策略是最复杂的）。k 级参与者会忽略其他参与者也可能是 k 级或更高级的事实。这是由许多因素造成的，比如"维护成本"或者简单的"过度自信"（Stahl 和 Wilson，1995）。一些理论工作者如 Camerer 等（2004）指出，参与者不一定服从上述讨论的类型。相反，参与者可能会服从某种假设，只要人群按一定比例与假设类型相匹配，通过这个模型可以找到最优响应方式。比如在凯恩斯的选美竞赛中，某个参与者相信一半参与者是 0 级的，一半参与者是 1 级的，那么这个参与者将会折中选择 1 级参与者与 2 级参与者中的某种。Selten（1998）指出，对待博弈的一个自然方式就是基于一步一步的推理分析而非简单的循环过程。认知层次理论是对这一推理分析的标准化，且由于它总是预测博弈的单一统计分布，在大量针对博弈论的实验经济学中，证实它确实比纳什均衡的预测更加准确可信。

认知层次理论已有较多应用，近年来的研究成果已取得不少进展。Rogers 等（2009）等对量子反应均衡（Quantal Response Equillibrium，QRE）进行扩展来研究认知层次模型 CHM：在异质性量子反应均衡模型中，参与者对收益反应的分布持有一致的正确信念；在精炼量子反应均衡模型中，参与者往往会系统性低估其他参与者的反应；Rogers 等的研究认为认知层次模型是精炼量子反应均衡模型的特殊情况。Berger 等（2016）设计了多人博弈，发现一次性博弈中的选择预测的实验测试结果并不支持纳什均衡。Bardsley 和 Ule（2017）发现，有充分的证据表明人们在多元均衡博弈中能够在关键点上协调他们的行为。

认知层次理论解释了许多博弈中存在的机会式合作的形式——不受参与者投机性特点如情报或动机等的影响。此外，研究者可以认同参与者是自利的共同假设前提，认知层次理论能够将它纳入现有的模型框架而不是完全取代这一假设前提。在将有限理性与机会主义同时纳入考虑的情况下，与其他标准理论比较，认知层次理论可以对人类的行为提供合理准确的预测。与逆向归纳法不一样的是，认知层次理论不需要假设参与者拥有处理信息的不切实际的能力，特别是在不确定性条件下，依赖其他参与者与时间约束条件。通过引入机会主义的更强的假设条件，认知层次理论可以解释参与者为什么会先选择合作再选择背叛，而不是采取一贯的合作或背叛的行为。

第二节 金融学基础

本节探讨本书所涉及的金融学基础理论及新进展，包括行为金融和演化金融两个方面，主要从期望效用理论与前景理论、股市特征分析、演化金融的研究方法及演化金融与复杂适应社会系统的结合等几方面展开论述。

一、行为金融的发展

行为金融学是行为经济学的一个分支，在复杂、不完全理性的市场中，研究人们在投资过程中的认知、感情、态度等心理特征以及由此引起的市场非有效性的一些经济现象。偏离经典假设的异质性行为广泛存在，不对称行为是最常见的一种。1759 年，亚当·斯密（Adam Smith）在其《道德情操论》中提到的损失规避（Loss Aversion）即人们总是强烈倾向于规避损失，状态由好变坏时，人们所承受的痛苦比由坏变好时所体验到的快乐要多，这是对情形判断时典型的不对称行为反应。早在 20 世纪上半叶，伟大的经济学家凯恩斯（J. M. Keynes）最早在其《就业、利息和货币通论》中强调心理预期在投资决策中的重要作用，给出了基于心理预期在股市中的"选美竞赛"理论、"空中楼阁"理论以及基于投资者"动物精神"而提出的股市"乐车队效应"等。行为金融学主要的理论基础是 Kahneman 和 Tversky（1979）提出的前景理论（Prospect Theory）：一种研究人们在不确定性条件下如何做出决策的理论，主要刻画的是传统理论中的理性选择与现实情况相背离的现象，其在解释金融市场的异象方面具有独特的见解，如阿莱悖论（Allais Paradox）、股权溢价之谜（Equity Premium Puzzle）以及期权微笑（Option Smile）等。对人们在经济金融活动中的行为不对称性的深刻洞见和精辟概括是行为金融学和由微观行为分析宏观复杂典型市场现象思想源头的重要基础。其主要理念在一定程度上继承了传统金融学理论的内容人类具有根据成本收益采取效用最大化的倾向，又因为在现实经济活动中有限理性、有限自制力和有限自利的存在，人们并不能在每一种情境下都清楚地计算得失和风险概率，人们的选择往往受到个人偏好、社会规范、观念习惯的影响，因而对未来的决策存在不确定性。这些说明了偏好是可构造且可内生化的，随着可构造型偏好研究的深入，对效用最大化的构成与实现将会有更深刻的认识，由此可引申到股票市场的投资者行为分析。Shefrin 和 Statman（1985）首次提出行为组合理论（Behavioral Portfolio Theory），认为投资者的投资决策实际上是不确定性条件下的心理选择。Barberis 等（1998）在 Tversky 和 Kahneman（1992）的前景理论基础上构建了投资者情绪分析模型，Thaler 等（1997）、Thaler（1999）等在金融市场上提出了心理账户的概念，著名的行为金融学家希勒（Shiller）在他的《非理性繁荣》中提到股市繁荣的产生是投资者非理性行为导致的。

行为金融学自 20 世纪 90 年代兴起，经过 30 年的发展与应用，已渗透到很多领域。它的主要作用是揭示金融市场中的非理性行为与投资者的决策规律。已有的行为金融理论认为，股票的市场价格并不仅由股票的内在价值所决定，而且在很大程度上受到投资者主体行为的影响，也就是说，投资者的心理与行为对股票市场的价格决定及其变化有很大的影响。行为金融学与有效市场假说理论相对应，认为投资者在一定的信息条件下，其决策行为往往是有限理性的，从而导致的决策结果也未必完全有效。相对于传统经济学而言，行为金融学的研究思想是一种逆向的逻辑思维。传统的经济学理论是先创造理想模型，而后逐步将其与现实分析结合，其研究的重点在于分析理想状况下通常会发生什么；而行为金融学则强调观察实际的市场交易情况，着重分析投资者的心理变化与行为动机，挖掘其深层的原因，通过分析市场参与者的真实行为以及市场参与者所表现出的行为特性来解释一些金融现象。

1. 期望效用理论与前景理论

期望效用理论（Expected Utility Theory）是在风险条件下决策分析的主要理论基础，作为理性选择的规范模型已被广泛认可（Keeney 和 Raiffa，

1976），作为经济行为的一种描述性模型也被大量应用，特别是在资本市场上对投资者行为分析方面，期望效用理论对投资者的偏好研究与情绪变化有着重要的指导意义。期望效用理论在支持公共政策决策方面是一种通用的经济学方法：一项公共政策的预期成本与收益的比较意味着假定经济主体最大化预期效益（List 和 Haigh，2005）。宋军和吴冲锋（2001）采用个股收益率的分散度指标对中国证券市场的"羊群行为"进行研究，发现市场收益率处于极低状态时的"羊群行为"程度要远高于市场收益率处于极高状态时的表现。

期望效用理论通常和前景理论一起用于研究投资者的投资决策与动机。前景理论最早由 Kahneman 和 Tversky（1979）提出，用来解释在风险或者不确定性条件下个人的行为决策。Kahneman 和 Tversky 指出，个人在风险情形下的选择所表现出的特性与效用理论的基本原理并不相符：①与确定性收益相比，人们往往会低估概率性结果，他们称之为"确定性效应"（Certainty Effect），这可以解释人们在有确定性收益选项时会规避风险，而在有确定性损失选项时会寻求风险。②人们倾向于忽略所有前景中的共同部分，这种倾向被称之为"孤立效应"（Isolation Effect）。以不同形式呈现的相同选项会得到不一致的偏好，即前景描述方法的改变会导致个体决策的变化。③当正、负前景的绝对值相等时，在正、负前景之间的选择呈现镜像关系，这称为"反射效应"（Reflection Effect）。前景理论也因此而生。与期望效用理论相比，前景理论基于收益或损失（即输赢的角度），而不是最终资产（即财富的角度）来进行决策，并将选择的概率替换成选项的权重，它关心的是收益或损失的多少。

基于偏好的行为模型通常使用 Kahneman 和 Tversky（1979）的前景理论。应用前景理论需要回答一些重要问题：①投资者应该在哪些时间段内使用 Kahneman-Tversky 目标函数评估结果；②参考点的确定与更新；③目标函数的参数。在行为研究方面，许多论文认为财富是目标函数的参数。但在一个标准的跨期模型中，投资者关心的是消费而不是财富。根据这种理论，人们不会判断绝对的规模，但会与某个初始的参考点进行比较。对应地，目标函数与参考点相联系，风险规避（Risk Aversion）在这些点上是局部无限的。目标函数对"收益"而言是凹的，即结果高于参考点，但对"损失"而言是凸的，即结果低于参考点。当然，这些性质是基于实验证据得出的，但这些证据又很难解释，因为实验的奖惩力度非常小，不太可能揭示人们对较大风险的态度。基于这个原因，许多的应用会修改该模型以放弃某些特性，特别是损失范围内目标函数的复杂性。Epstein 和 Zin（1990）开发了一个"一阶风险规避"的相关模型，在某个参考点上具有相关效用，但没有损失复杂性。Benartzi 和 Thaler（1995）认为如果投资者经常评估他们的财富并按当前的财富水平更新参考点的话，那么基于财富的前景理论能够解释股权溢价之谜①（Equity Premium Puzzle）。在这种情况下，在参考点的联系总是相关的，而且投资者可以高度规避风险。Barberis 等（2001）给出的模型将消费的标准幂效用函数与基于财富的前景理论结合起来，Thaler 和 Johnson（1990）发现，对损失的规避随过去结果的变化而有所不同：若此前的投资成功了，会使投资者降低对风险的规避程度。因为投资者感觉是"用庄家的钱赌博"。这导致了随时间变化的风险溢价，与 Campbell 和 Cochrane（1999）的模型相比，Benartzi–Thaler 模型对消费风险具有较低的厌恶，因为它产生的风险规避行为不仅来自对消费波动的标准厌恶，而且还来自对财富波动的直接厌恶（Campbell，2000）。

一些最新的研究工作如 Eeckhoudt 等（2018）将最终的财富和过程中的收益和损失水平结合起来，共同设置参考点，使改进后的效用函数更接近真实的市场行为，为行为金融学的相关研究带来了新的视角和思路。

2. 股市特征分析

股市的微观行为主要包括上市公司行为、投资者行为以及价格行为。理解股票价格的行为是参与市场、把握市场以及塑造市场的起点。股票市场通过价格机制来实现对资源的配置，因而对股票价格行为的解释与定价效率的研究一直是金融领域研究的热点（施东辉，2001）。

_____

① 股权溢价之谜是指股权溢价太大以至于无法用合理的投资者风险规避系数和实际的消费波动水平解释。

20 世纪 80 年代以来，行为金融理论界发展了一些新的股票市场理论，这些市场理论从投资者行为的微观层面出发，从非静态均衡和非线性的角度解释股票价格形成的复杂性。微观层面上个人投资者交互的聚集可以解释资本市场宏观层面的结构与典型化事实。资本市场可以被看作一个复杂适应系统，预期规则或者交易策略的演化选择与市场均衡（非均衡）动力系统内生耦合。价格、交易量、信念总量以及策略随时间共同演化。

行为金融学的发展能够促使对投资者微观行为的深入理解，计算实验金融学的发展为合理解释金融现象提供计算实验方法的理论与技术基础。基于主体的计算实验金融方法也进一步推动了行为金融学的发展，行为金融学与之相结合的研究将有更为广阔的发展空间。首先，它们考虑的都是基于行为本身的模型，主要是因为主体都是有限理性的，且服从简单的经验法则。这些是任意一个行为模型的重要特点，同时也是基于主体的一体化模型的特性。基于主体的金融市场模型与行为金融模型的分歧始于典型的假设条件，即主体偏好具有相对标准的表示形式。通常，在模型假设条件中没有考虑构建共同的行为偏差，比如损失规避或者双曲线贴现。这是基于主体的一体化模型不能处理这些行为分析的原因。但是基于主体的建模技术非常适合验证行为理论，它们可以回答任意行为结构的两个关键问题：①行为偏差在聚集条件下是如何被证明的；②哪种类型的偏差在共同进化的过程中可以保留下来。因此，基于主体的方法（Agent-based Approach）与行为方法（Behavioral Approach）很可能会相互交织在一起促进行为金融学与基于主体的计算实验金融两者的发展。

目前，我国资本市场经过 20 多年的发展探索，已成为全球第一大商品期货市场、第二大股票市场、第三大债券市场。但从我国资本市场的融资效率与发展历程来看，我国尚处于非常初级的阶段，欧美资本市场已历经 200 余年的发展，在市场机制、投资者保护等方面都有较为成熟的制度保证。目前，针对我国资本市场的发展特点与投资者的行为特征，一方面，我们需要深入分析我国投资者的投资偏好与风险偏好类型；另一方面，我们还需要着重考量我国资本市场的总体发展特征。我国资本市场具有非常典型的层次性，可以分为主板市场与创业板市场等，这些资本市场之间的差异性显著，投资者之间的异质性也较为明显。资本市场的健康有效发展需要建立在合理规范的市场规则基础之上，通过市场监管，提供市场信息披露的有效性，从根本上保护投资者的利益，从而使资本市场在宏观层面上能够稳定运行。针对我国多层次资本市场特点，需要不断创新交易制度，建立不同市场层次之间的转板机制，以便于改善市场深度和利于价格发现，从而增强市场有效性。从股市行为分析入手，结合行为金融的研究方法，利用基于主体的一体化建模构架理念，以便更全面地研究我国资本市场的宏微观特征。

二、演化金融的发展

演化金融学研究金融市场里投资策略的动态交互行为。通过大量异质性交易者资产价格及其收益的浮动，金融市场的交互性产生了一个随机的财富动态。资产价格通过短期市场出清后内生给定。投资者的资产选择以描述决策行为模型的投资策略为特征。演化金融学的研究方法以随机动态系统为基础，利用达尔文的进化论思想，意在提高我们对金融市场动态性质的原因与效果的理解。Evstigneev 等（2009）总结了他们在演化金融模型理论与应用方面的研究进展，发现投资风格、产品以及监管架构的创新似乎是无限的，所有的这些改变都可以追溯到人类努力试图达到预期的目标；然而，它们是由"决策"的适应的、自组织的内生动力学以及市场参与者交互造成的，有时候并不能达到预计的结果。自然选择的基本思想在经济学中起到了非常重要的作用，可追溯到几百年前的亚当·斯密时期，他在《国富论》中对该思想提出了最有力的讨论。非常有意思的是，在生物学与经济学中，演化的基本原则通常被过分地简化与误解。毫无疑问，进化思想在演化金融方面的研究应用得天独厚，其大部分理论基础都来源于进化原则，可采用达尔文的自然选择原理研究金融市场上的交易行为与资产定价。从这个角度而言，金融市场可看成是财富在一个较好适应交易环境的投资者与不太适应交易环境的投资者之间转移的一种选择机制。富有投资者的交易策略决定了金融资产的价格，首先，那些策略受到更加富裕的投资者的支配；其次，富有投资者的策略更容易被其他的投资者模仿。因此，金融市场上的财富可看作与生物系统内的适应性相对应。金融学中的自然选择以在总体中产生理性行为著称。理性假设条件形成了金融市场标准理论的基础，可看作是这种结果的一个代理。在许多有趣的情况下，这种代理是非常有意思的，但在其他许多时候并不如此。演化金融的目标是要解决传统金融理论无法解释的问题，比如如何使得市场有效。

1. 演化金融的研究方法

演化金融的研究方法来自演化经济学、金融经济、经济学原理、数学金融以及动力系统理论的交叉结合。进化思想在社会科学中的应用最早可追溯到马尔萨斯（Malthus），他给了达尔文很重要的启示，具体可参考Hodgson（1993）。演化金融领域在 19 世纪 80~90 年代得到了巨大发展，主要是在圣菲研究所的主办下，聚集了不同学科背景的学者，他们为演化金融的研究提供了强有力的理论基础（Blume 和 Easley，1992；Arthur 等，1997；Farmer 和 Lo，1999；LeBaron 等，1999；Blume 和 Durlauf，2005）。

计算演化金融采用计算机科学的技术实施可控实验，基于对投资者行为的分析，结合计算实验方法，对投资策略构建演化金融模型，深入认识金融市场复杂的作用机制，例如，对市场设计或者管制的影响。这对监管机构想更多地了解在新的监管措施投放市场之前的效果非常有用。该领域内的典型模型包括对市场微观结构、大量在微观结构内做出资产组合与交易决策的个体经济主体的详细描述。主体的交易策略用计算机程序来表示，而且该模型通过将这些程序与自然选择结合起来求解，直到总体的价格过程收敛到一个稳定过程为止。可以通过分析模型的数据并与其他具有不同市场微观结构的实验处理方法相比较，从而得到更加符合现实的分析结果。

演化金融具有两个最典型的特征：投资者规范的描述方法与关注财富分配的动力学。投资者的描述性建模避开了任何的效用以及效用最大化的观念。投资者财富的动力学受投资者的市场交互以及资产收益的随机性驱动。该方法使"行动大于意念，金钱胜于幸福"。从事投资的金融从业者主要关心一个基准，该基准以奖金作为回报，而不是追求一些难以捉摸的目标。演化金融试图发展一些能够反映金融市场景象的模型，而金融市场中的投资者之间的交互起主要作用。

演化建模克服了使用复杂均衡概念的必要，而且它不要求市场参与者具有高度理性的假设条件。这些假设条件在经典金融学与金融经济学中扮演了重要的角色，尽管一个多世纪以来，学者们从各个方面对其提出了诸多批评。相反，金融市场的演化模型以一种完全不同的视角来分析市场参与者的行为、投资决策的相互影响、投资的效果以及交易者之间的交互。

（1）动力学与演化。演化金融方法采用一种数学框架来描述物理系统与社会系统的动力学，即随机动态系统（Arnold，1998）。Schenk-Hoppé（2001）总结了随机动态系统在经济学中的应用。追求市场演化和交易者交互的动态模型的主要挑战是需要摆脱在经济学理论中流行的复杂均衡的概念。应用演化推理需要谨慎地建模和分析以避免语义陷阱（正如弗里德曼有关市场价格效率的评论（1953）被错误地归因于"缺乏非理性的交易者"那样）。

演化金融模型旨在尽可能少地约束投资者的规范与行为，同时更加适应具有多个风险资产的市场。实现演化金融模型在金融实务部门的应用，真正意义上运用达尔文的进化论思想，建立一个拟合现实的动态模型。

（2）异质性。个体投资行为的差异性是演化金融的核心。市场（市场生态环境）参与者策略的多样性使得根据交易者的相互依赖关系来分析特定投资风格的表现成为可能。在演化生物学的术语里，投资者类型与不同物种相联系。两种演化力量影响投资者群体的差异性：一方面，多样性通过选择机制减少；另一方面，突变产生行为的新颖性。因为金融市场上相同的行为需要相同的回报，通常对每一种投资类型选择一种代表性主体是非常有必要的。在金融环境下，某种特定投资类型背后有多少资产并不重要。

（3）投资策略。演化金融中的投资决策以投资策略为特征：预算份额（Budget Shares）即分配给投资的可用资产的财富。只要投资者的总资产与资产定价非零，如果给定资产定价，预算份额与投资组合所占比重相对应。这方面的投资策略是一个更加初始化的概念，因为它们可以独立于价格体系进行定义。此外，它们易于观察，而不像偏好或者行为偏差。建模方法是很容易获取的，比如基于主体的建模，一般均衡模型（有或者没有市场缺失）以及个体的行为偏差等。投资策略在数学金融领域有着广泛应用，如"相对资产组合"（Relative Portfolio）（Björk，2009）或者"交易策略"（Trading Strategies）（Pliska，1997）或者"财政准则"（Fiscal Rules）（Shapley 和 Shubik，1977）。它们描述性的性质允许对投资者展现的行为给出许多不同的解释。

（4）动态交互。策略的表现在市场上相互依存。投资者的行动仅仅通过资产价格的影响对其他投资者起作用。市场出清受价格规则的保护，该价格规则对投资者在价格上的影响与他们的财富成正比。这种机制意味着市场的形成在很大程度上由富有投资者而非贫穷投资者决定。Evstigneev等（2009）详细讨论了演化金融模型的投资策略，他们构建的模型涉及金融市场的两个方面：不同的投资策略与投资者社会交互之间的资本流动。两者都可用来解释投资策略的动力学。例如，不完全市场中任意的均衡随机动态，均衡模型的均衡可以通过演化金融模型来重复。仅需要对投资策略做一个恰当的说明。与达尔文的思想一致的是，我们更倾向于认为投资者是与他们的策略是紧密连接的，然而通过市场交互发现，财富与每种投资策略相互联系。这个角度强调财富动力学在投资策略中的作用。

（5）选择与稳定性。投资策略之间的财富分配具有随机动力学性质。投资者财富的动力学是内生的，因为它受到随机资产收益、贸易资产、消费品以及资产组合与投资变动的影响。财富动力学是演化金融模型最主要的特征。选择，作为一种基本的达尔文力量，在金融市场上通过财富动力学作用，成功的投资策略在金融市场上能够聚集更多财富，而损失财富的策略在选择的压力下往往呈现"不成功"。这种解释与市场选择假说有关，市场策略的交互通过财富动力学选择。选择是模型的一种渐进性质（即长期观察得到的结果），选择是否出现是一个与动态系统的稳定性（即处于稳定状态）有关的特征。

演化金融为资产定价提供了一种新颖的研究方法。市场的稳定以一种演化资产定价理论提供基础的特殊投资策略为特征。假设一个具有独特投资策略的模型，该策略是稳定的反对任何变异的策略，在资产市场中显示了强大的（演化的）稳定性质。财富动力学为投资者的财富即资产定价提供了一个实际的而非虚幻的收敛过程。从这种意义上说，演化金融能够提供一种具有理性稳定特征的资产定价理论。目前，演化金融的实证应用在该领域内是非常前沿的研究（Evstigneev 等，2009）。

2. 演化金融与复杂适应社会系统

计算实验模型在理解复杂适应社会系统方面的应用时开启了新的探索（Miller and Page，2007）。金融系统实际上也是一个由个人投资者对其他投资者的决策做出反应并不断相互作用的复杂适应系统。复杂适应社会系统中的一些其他关键性主题包括：均衡、动力学、适应性以及离散交互在组织系统上的作用。这些与演化金融学的特征非常相似，因而两者可深入结合，通过计算实验方法，为解决实际问题构建金融模型。

演化金融方法对金融从业者具有非常重要的借鉴作用。演化金融对投资者的资产组合行为与金融资产估值方面的研究有很大贡献。演化金融模型中的资产组合行为完全不同于大部分的金融决策。对特殊的风险，并不需要提供投资建议，可通过投资者的渐进性能（Asymptotic Performance）的最优性来寻求投资策略。该性能取决于投资者的市场交互，市场交互主要是描述投资者策略的价格影响。因此，资产组合行为根据客观的标准设计。以这种方式派生的投资建议与凯利原则（Kelly Rule）密切相关。对于任何好的投资指南而言，金融从业者已经注意这种类似的概念很久了——尽管他们常常缺乏理论基础。

价值投资的概念可追溯到 80 多年前（Graham and Dodd，1934），根据相对股息收益率进行股票选择，与受基本面（股息）引导的资产组合行为的特征类似。演化资产组合理论的实证结果支持演化建模方法的有效性。资产定价的基准通过市场交互的长期结果得到凯利原则。这种发现为金融资产的估值提供了一种框架。该估值方法的内容如下：只有相对价格与凯利基准、渐进最优投资策略对应，才能实现超额增长。否则，凯利投资者将获得高于平均水平的收益。演化金融模型的经济学基础意味着该基准只对可交易资产有意义。

自金融危机爆发以后，各国的金融监管者已经开始考虑减少危机负面影响的各种措施。最流行的两种监管方式是卖空禁令（Short-sale Bans）与托宾税①（Tobin Taxes）。卖空意味着卖出自己没有的股票，流行的观点认为卖空者通过增加股票价格的下行压力扩大市场的崩溃。因此，在雷曼公司倒闭后的几天，二十几个国家推出了卖空金融类股票的临时禁令。为了保护证券市场的完整性与有效性并增强投资者信心，美国证券交易委员会也出台了这一政策。在欧洲，临时禁令被德国政府在 2010 年 5 月重新采用，而法国、比利时、意大利以及西班牙则在 2011 年 8 月重新使用临时禁令，试图遏制主权债务危机的恶化。

这两种监管措施的一个难题是，其影响既没有论据可查，也没有得到很好的理解。这主要是因为缺乏充分的理论模型以及历史数据。2008 年10 月美国的卖空禁令被解除以后，美国证券交易委员会主席克里斯托弗·考克斯（Christopher Cox）透露："虽然这种临时行动的实际效果并不能在数月内甚至是几年内被完全理解，但我相信委员会不会再这样做，成本似乎远远超过收益。"

演化金融可通过对现实金融情况的观察、刻画并通过计算实验建模，对真实的投资行为进行模拟，可验证政策推广的效果，从而减少或尽量避免损失。

第三节　博弈论与实验经济学

博弈论与实验经济学的发展为研究微观经济行为与宏观复杂现象涌现提供了新的视角，为复杂适应系统在经济金融领域的应用提供了理论基础与应用方法。博弈实验是当前研究的热点，特别是在社会科学研究领域，源于大量计算实验方法的发明，博弈实验可施展的空间越来越大，本节主

---

① 托宾税是对金融交易征税，其目的是遏制投机行为，是一种为控制金融市场上的投机交易而征收的税。托宾税在过去已被经常使用，而且在目前的危机中得到了监管者更多的重视。

要从博弈实验的基础以及金融学中的博弈实验展开论述。

一、博弈实验基础

博弈论是指个人或组织在一定的环境条件下，受一定的规则约束，依赖所掌握的信息，从各自可供选择的策略或行为中进行选择并加以实施，并从各自的策略选择中取得相应的效用或收益的过程。博弈论与实验经济学的结合可为资本市场实验提供思路（董志勇，2008）。

博弈论研究的是策略行为，在资本市场上各类投资者都是依据各自获取的信息判断决策的，策略式博弈一般由三种元素组成：参与者集合，$i \in \lambda$，一般在有限集合 $\{1, 2, \cdots, I\}$ 下进行决策，对每个参与者 i 有纯策略空间 S_i 以及对应的收益函数 u_i，该收益函数对每种策略组成 $s = (s_1, \cdots, s_I)$ 给出参与者 i 的冯·诺依曼—摩根斯坦效用 $u_i(s)$，一般除了某个特定参与者之外的所有其他参与者称为"参与者 i 的对手"，可以用 $-i$ 表示（Drew 和 Jean，1991）。对于股票市场而言，投资者策略指的是买入、持有或者卖出股票，一般资本市场中的投资者可分为机构投资者与个人投资者，因而可通过博弈实验观察他们的投资决策。

博弈中存在对称性，自同构（Automorphism）是纯策略的一种排列，如果满足两个策略同属于一个参与者，那么这两个策略一定属于该参与者的两个策略。因此，若 φ 是纯策略的排列，那么就可以导出参与者的排列 ψ，每个策略的 n 元组合可排列成纯策略的另一种 n 元组合。可以称 χ 为这些 n 元组合的引致排列，令 ξ 为纯策略的 n 元组合。$u_i(\xi)$ 是参与者 i 对应 n 元组合 ξ 的效用，如果 $j = i^\psi$ 的话，那么 $u_j(\xi^\chi) = u_i(\xi)$，这可以看作是博弈对称的定义（Harold，1997）。

复杂投资行为与资本市场典型化事实的对应分析研究，不仅是资本市场研究的一个关键点，而且是博弈实验方法层面的一个支撑点。20 世纪 40 年代由美国冯·诺依曼和摩根斯坦合写的《博弈论与经济行为》为现代博弈论的发展奠定了理论基础。博弈论在我国的发展主要是从 20 世纪 80 年代开始的，大量学者对博弈论展开学习与研究，推广博弈论在经济学、政治学、国际关系、计算机科学以及军事战略等许多其他学科中的应用（黄涛，2004）。博弈论主要研究参与主体在利益相互作用的环境下如何选择自身策略以实现个人利益最大化与各自策略之间的均衡问题以及均衡策略的形成问题（王文举等，2004，2010）。

实验经济学是一门新兴的学科，它是集经济学、管理学、社会学、心理学、行为学以及计算机科学等多门类学科于一体的综合性学科，为社会经济、管理等各方面的研究提供了一种全新的方法。正如葛新权和王国成（2006）在实验经济学引论中提到的，实验经济学有广义与狭义之分，从广义上来看，实验经济学包括计量模型、系统动力学、系统仿真模拟等；从狭义上来看，其指的是不能用上述方法定量分析的问题采用人或计算主体的实验所进行的研究。王国成和隆云滔（2011b）对实验经济学进行了综述分析，引入了实验经济学的基本定义；特别是对实验经济学在中国的发展与演进情况以及在中国的应用和发展做了介绍。实验经济学较之其他相关学科具有其独特的优势，不需要事先设定模型，也不依赖样本数据，仅需要实验就可认识经济现象，从而进一步揭示人类心理行为差异对经济决策的影响过程。传统的定量分析方法是基于对经济主体既定和规范的行为，对以特定模型为代表的经济运行规律和历史或者现有数据进行分析，而实验经济学采用的是尽可能获取与现实经济环境一致条件下主体的真实行为，并在此基础上研究人类复杂经济活动与决策机制。

对博弈实验的关注得益于2002年诺贝尔经济学奖的颁发，美国及以色列双重国籍的经济学家丹尼尔·卡尼曼与美国经济学家弗农·史密斯在行为与实验经济学研究领域做出了开拓性工作。我国实验经济学的发展相对较慢，20世纪80年代我国学者陆续在实验经济学方面有所了解研究，经过30多年的发展与推广，目前我国在实验经济学方面的研究已有一些较大的进展，国内已有20多所高校或研究机构建立了实验经济学方面的实验室，近年来许多年轻学者也在这方面表现出了很大的研究潜力。

从某种角度来说，博弈论与实验经济学都是研究人类行为的科学，博弈论更多的是从理论上提供支持，而实验经济学更多的是从应用层面提供方法指导。博弈实验为复杂适应系统科学的研究提供了一种全新的思路，侧重对人类行为的分析，试图通过博弈实验揭示复杂系统的一些典型规律。金融市场是一个复杂多主体的系统，因投资者的相互作用涌现出大量资本市场宏观典型化事实，将博弈实验与复杂适应系统结合起来研究能够为揭示微观投资者行为与宏观资本市场复杂现象提供解决方法。

二、金融市场上的博弈实验

随着博弈实验的发展，特别是在金融领域的应用研究，给研究者提供了许多的视角，如对中国商业营销引进境外战略投资者的博弈分析，博弈实验在并购价格与交易方式上的选择指导，非合作博弈视角下人民币汇率的研究等（葛新权和王国成，2008）。博弈中的参与人涉及多个主体，如何通过人类真实主体实验设计实验场景或构建计算虚拟主体模型分析博弈实验的利益主体，在具体决策过程中，如何考虑外界的影响因素对主体决策以及效应的影响是重点。

正如伯纳德·巴鲁克（Bernard Baruch）认为，"股票市场波动印证的并不是事件本身，而是人们对事件的反应，是数百万人对这些事件将会如何影响他们的未来的认识。换言之，最重要的是，股票市场是由人组成的"。对金融市场上投资者的心理与行为研究可以通过博弈实验来模拟分析，如分析投资者对当前信息的反应以及其对股票市场的心理预期等。

在资本市场上运用博弈实验的方法开展研究，具有可控性、可比性以及可重复性等优点，为我们对资本市场的诸多理论进行检验提供了可能（董志勇，2008）。我们设计资本市场博弈实验时，不仅需要综合考虑市场参与者的各种行为模式，考虑人们对风险的态度和偏好以及这些因素是如何决定人们的投资决策的；还需要考虑整个市场的内部环境与外部环境，进而为解释各种理论的检验提供可行性。

通过博弈实验分析投资者策略行为，进一步揭示投资者决策的内在机理，从而更好地解释宏观复杂经济现象。

三、人类真实主体博弈实验与计算主体实验

人类真实主体（Human Subject，HS）博弈实验的发展得益于博弈论与实验经济学的蓬勃发展，随着计算机的高性能计算能力与计算技术的推广应用，计算主体（Computational Agent，CA）实验在经济金融中的应用也发挥着作用。在资本市场上，通过 HS 实验可全面挖掘影响投资者决策的各种因素，为探究复杂宏观经济现象提供现实依据，本书在后续研究中特别注重 HS 的行为分析；CA 的引入能够使通过 HS 得到的数据与参数更好地服务一体化建模，不断地调整模型参数，可使一体化模型与现实经济现象更加吻合，从而为揭示宏观复杂涌现现象背后的微观经济基础与行为动因提供可行途径。

投资者的表现形式、决策动机以及所处环境复杂多样，为了更贴近经济现实分析，需要采用人类真实主体博弈实验不断地探索挖掘影响其决策的各项因素，而仅仅通过 HS 实验是不够的，还需要通过 CA 实验不断反复验证、抽象出各种影响因素。虽然我国资本市场的发展历程较短，但涌现出的各种经济异象却很难用发达资本市场的经济金融原理解释，为此我们需要探寻我国金融市场发展的规律，创建适应我国资本市场发展的规则，从而确保我国资本市场健康稳定发展。

第三章 一体化建模相关方法评述

基于投资者真实行为研究资本市场的复杂现象，具有显著的方法（论）特色，本章主要是对相关方法进行评述，主要从经济社会计算实验的应用研究、经济系统计算实验基础、社会科学计算实验三个方面进行阐释。

第一节 经济社会计算实验的应用研究

社会交互模型能产生许多有趣的性质，比如多重均衡（Brock 和 Durlauf，2001）。王国成（2015）对计算社会科学的理论方法与实际案例进行了介绍，重点对基于主体的建模方法、计算博弈论与计算实验方法及应用进行了阐释。本节从基于主体一体化建模方法的理论思想、计算实验分析、与人类主体实验的比较分析、金融计量建模以及实验平台与进展等方面对社会科学计算实验的研究进展情况进行综述。

一、基于主体一体化建模的理论思想

主体一词对应的英文术语是 Agent（也常被译为代理）。在多主体系统中，主体能够模拟人或机构的行为，具有学习性、适应性等特性。计算系统中的模拟个体能否被判定为主体，其基本的判断标准是建立的模拟个体是否具有智能性，即是否拥有自己的知识库与推理规则，是否能够自主地与系统中的其他个体进行交互，个体交互过程中是否有知识或有用信息的

传递（盛昭瀚等，2009）。通常运用多主体技术的系统具备一个整体的演化目标，依据有限理性理论，系统中的主体并不具备实现系统整体目标的完整知识，没有控制系统全局的能力，但多主体系统可看作是一个多智能主体构成的网络结构，系统的整体特性只能通过主体的行为特性的集合展现出来。

主体是有限理性的，对未来的风险回报具有异质信念，对不同的信息有不同的理解导致了对资产定价模型的不信任。原因如下：①单个信号的主体与其他从公共信息中学习基本价值的主体之间存在着信息不对称。信息不对称在主体中导致异质性期望（Grundy 和 Kim，2002；Biais 等，2003）。②假设投资者对公众信息能以不同的方式理解。Hommes（2006a）用不同的主体"市场模型"更新他们基于收入信息的主观价值，这些可能导致不同的信念。

不少学者总结了基于主体的建模方法在经济政策中的研究进展。李律成等（2017）介绍了计算经济学的基本概念框架并对几种主流仿真平台进行了比较分析，从微观、中观与宏观三个层面对相关经济学、区域发展与科技创新政策等领域的研究进行梳理与综述。隆云滔等（2018）提出的基于主体的建模方法为经济政策分析提供了新的研究视角与工具，对复杂宏观条件下的经济政策评估与政策建议具有很好的指导作用。主体的微观行为是否会导致宏观经济现象的涌现有如下四个判定法则（Bonabeau，2002）：第一，个体行为的非线性，能用非线性耦合刻画，用不同的微分方程描述个体行为的不连续性；第二，个体学习适应性，个体行为具有记忆能力、路径依赖、滞后性以及非马尔科夫行为，个体间相互学习并适应对方；第三，个体异质交互的网络效应，主体交互作用是异质的并能导致网络效应，集聚流体方程常假设个体都是同质的，但交互网络效应的拓扑结构与预期的集聚行为有显著偏离；第四，个体平均无能性，微分集聚方程倾向于平滑波动，而不是基于主体的建模，在一定条件下，波动性会被夸大，系统是线性稳定的，不能经受大的混乱。

基于主体的一体化建模是由构成系统的各个主体所组成，为系统的描述性方法和社会科学计算的应用提供了一种建模思路，即将微观个体行为与宏观经济动态相结合。为解决系统复杂性问题，钱学森等研究了复杂开放巨系统的综合集成思想方法，提出了"从定性到定量的综合集成方法"（钱学森等，1990）。综合集成方法是钱学森等在长期工程实践的基础上，融合多学科、多领域的技术和方法提出的，是一种用来认识、组织、管理和驾驭复杂系统的方法论。该方法融合了认识论、矛盾论及生成论的思想；综合集成方法在应对复杂系统的开放性、非线性、涌现性和不可逆性等方面具有较强的能力（盛昭瀚等，2009，2010）。主体建模与其他建模技术相比，具有如下三个优点：①ABM 能捕获各种突发事件；②ABM 能自然地刻画系统；③ABM 具有较强的灵活性。从 20 世纪 80 年代中期开始，圣菲研究所引领的复杂性科学研究快速兴起，作为其关键研究手段的主体技术也受到了广大研究工作者的重视。随着信息技术的飞速发展与计算机计算能力的迅速提高，多主体系统的研究在世界范围内得到了迅猛发展，Hommes（2006a）认为基于主体可计算的异质性主体建模在未来将拥有很强的优势。

多主体系统的研究涉及人类社会生活的各个行业与领域。近年来，多主体系统的研究在其体系结构、认知模型构建以及主体协作机制研究等方面取得了一定的研究成果（兰少华，2002）。从目前对多主体系统中主体性质的研究来看，主体个体一般具有如下特性：①自主性，主体能够在没有外部因素直接干涉的情况下，根据其内部状态和对外部环境信息的感知，通过某种内在的行为机制决定和控制内部状态和自身行为；②反应性，主体能够通过各种接口和通信机制接受外部环境的变化信息并及时做出相应反应；③社会性，主体能够通过某种通信语言与人或其他主体进行交互和协作；④主动性，主体能够通过内部行为机制驱动而采取主动行为，有目的地与外部环境交互作用；⑤适应性，主体能在一定程度上根据自身的经验对外部环境的变化做出适应性的调整；⑥移动性，主体能够根据其内部不同的行为机制设定而表现出诚实或无信、敏感或愚钝等特殊行为偏好。

构建计算机程序模拟社会行为的各个方面有益于理解社会的发展过程，根据不同的研究对象，主体可能拥有更多不同的特性。在多主体系统中，主体的特性越多，所构建的多主体系统越逼近现实，而系统建模过程也就越复杂。因此，在明确研究目标的基础上，明确主体必须具备的各种特性，合理把握主体建模的深度，以达到满足研究目标是运用多主体系统进行研究的关键。在金融市场上，对投资主体微观行为的全面刻画关系到模型的合理建立是否与实际市场分析相符，从而决定其对真实金融市场的分析与解释的合理性。

基于主体的建模是一种自上而下（Bottom-up）的系统方法，可以用来了解并预测非线性系统的行为。主体间的交互性是主体建模系统中一个非常重要的特点。在 ABM 中，我们认为股票价格是一个随机过程的替代效应，是模拟不同利润策略的自治主体间交互性的体现。个体组成群体的集体行为并不是由单一的机制决定的，而是由群体行为涌现出的个体交互行为引起的。该机制倾向于使用基于主体的建模方法在股票市场上的广泛应用。许多研究者提出了大量的基于主体建模的股票市场模型（LeBaron 等，1999；LeBaron，2001b，2001a，2002；Tesfatsion，2006）。基于主体建模研究在理解市场行为方面具有重要的作用，在 ABM 中对主体行为的设计非常重要。主体类型的设计可从非常简单向异常复杂发展。主体学习的机制可能基于任何一种人工智能技术，如神经网络、遗传算法、认知分层系统以及遗传程序设计等。演化计算在研究金融市场上是很重要的一部分，特别是共生演化可用来构建竞争性的主体，在圣菲研究所的股票市场模型（Arthur 等，1997）中，股票价格是由主体决定的，模型设计中使用了遗传算法，更具体地说是认知分层系统（Learning Classifier System，LCS）。

Holcombe 等（2013）在 EURACE 模型[①]基础上构建了欧盟经济体的最完备且规模最大的经济系统模型，因 EURACE 模型而聚集了一大批平行高性能计算与 FLAME 框架的设计者。该经济系统能够更好地与现实结合，而基于主体的计算经济学也得到了更为广泛的关注。

在基于主体的计算经济学（Agent-Based Computational Economics，ACE）

---

① EURACE 模型：是欧盟经济系统的大规模建模项目，该建模系统以 ABM 模型为基础，利用庞大的模拟计算为政策制定提供建议。

中，我们定义主体是一个具有有限理性及决策能力的行动者，在本书中，我们引用该定义。基于主体计算经济学是具有相互作用的主体构成的系统，Tesfatsion（2001）这样定义 ACE："经济学的计算研究是指具有独立自主能力且相互作用的主体构成的演化系统。"ACE 能研究个体间的交互性如何产生某些特定的经济或社会现象，而传统经济学不能担当此任。ACE 模拟开始于一群主体，赋予主体各种行为规则，定义主体与其他外部影响因素间可能的交互作用。在模拟过程中，各个主体尝试着通过其他主体的行动以及环境的变化调整自己的策略从而达到目的。因此，微观层面的行为之间的关系是单个主体的行为，宏观层面的结果是通过所有个体间的交互涌现而表现的全局形式。ACE 模拟在均衡选择中能给出新的见解、动力的新来源、社会制度变化的分析，跳出完全理性以及构建新的优化估计模型（Simon，1984；Kalai 和 Lehrer，1993；Sargent，1993；NachBar，1997；Albin，1998）。然而多主体系统可用来模拟经济系统，大部分多主体系统的研究集中在解决特殊的问题或者开发智能主体而不必模拟经济主体的行为。进一步讲，大部分多主体系统的研究集中于合作主体系统，而ACE 也关注竞争性行为。

复杂系统与基于主体的建模具有许多基本性质（Page，2000）：适应性、差异性、外部性、路径依赖、地形性，网络以及涌现性。科尔曼与佩奇使用基于主体建模与计算方法分析了政治科学，如选举规则、集体行动（Kollman and Page，2006）。美国国家研究中心组织了许多社会科学计算专家研究广泛的个体、组织以及社会模型，并尝试将其应用于军事科学；基于主体的建模方法与复杂系统的应用领域将较为广泛，在社会科学方面的应用也凸显了其重要的研究意义。

二、基于主体一体化建模的计算实验分析

模型方法是定量分析金融问题的核心技术与金融研究科学化发展的基本保障，也是多学科交叉的平台和沟通渠道。基于理论与逻辑关系建立的数理金融模型、基于随机理论和统计分析方法的计量金融模型、时间序列

分析及鞅论、实验金融、金融系统优化控制模型等其他金融数学模型形成了数量金融研究学科，尤其在与人工智能、神经网络、仿生算法等自动化技术和社会计算（盛昭瀚等，2009；王飞跃等，2010）的交叉互动下，形成了基于（多）主体建模方法的计算实验金融学，其中圣菲研究所构建的人工股票市场是具有重要影响的代表，它从微观主体到宏观层面的整体特征分析给予了相关研究者很大的启发并进行了积极的尝试，之后相继取得了许多有意义的研究应用成果（LeBaron，2000；LeBaron，2006b）。随着金融学发展的日益完善，我国也相继出现了大量用模型化方法研究金融实际问题的研究成果（刘兴华和汤兵勇，2005；石善冲和齐安甜，2006）。然而，几乎所有的数量金融研究内容和模型方法，即使是基于行为规则的模型，也都是在考虑同质、属性稳定的主体行为假定和对相互结构关系作大量简化的情况下建立的；是在经过相对严谨的演绎推理建立的模型基础上进行实证分析，对现有理论和经验数据高度依赖，无法解决由于单一行为与结构动态一致性等基本假设与现实的偏离而造成的系统偏差。市场波动、交易制度和市场结构演变、信息分布等各种因素变化的影响效应都与行为反应类型模式有着内在的联系，这就需要在原有模型中引入行为属性参数，来深入细致、分门别类地研究微观行为与市场形态之间的内在对应关系。现代金融市场的分析研究，已超出传统的计量金融建模的范畴，引入社会科学计算的概念。为更好地刻画主体的行为属性，从跨学科角度提出让主体"活起来"也是值得探索的，以充分挖掘主体在计算金融实验中的研究与应用（王国成，2010）。

计算实验建模方法采用自下而上的研究思路，综合集成多种研究方法和工具，通过对系统中个体行为建模并观察行为决策与交互机制来研究系统整体特性涌现的方法。计算实验以计算机为基本工具，运用面向对象的编程技术将现实系统中种种要素进行抽象刻画，在计算环境中产生需要研究的人工对象，通过人工对象之间的相互交往，来研究整个系统的动态演化过程。关于计算金融建模的思想可参考 Tesfastion（2002），她总结了基于主体的计算经济学的方法。Gilbert（2012）指出基于主体的建模方法在社会科学数量分析中将有广泛的应用。基于主体的建模方法在演化博弈论中也有应用（Adami 等，2016），演化博弈理论的验证与结果可通过 ABM 方法实现，而数学是验证计算模拟结果的关键。对基于主体的建模方法的校验有许多种，Fagiolo 等（2007）对基于主体经济学模型的经验校准问题及方法进行了综述。

三、基于主体一体化建模与人类主体实验的比较分析

通过人类真实主体实验分析挖掘影响人类真实行为的关键因素，在计算虚拟主体实验中设置人类行为属性参数，在计算实验中不断修正行为属性参数，从而更真实地逼近现实生活，社会计算科学中基于主体建模在一定程度上体现了这一核心思想。Duffy（2006）分析了基于主体的建模方法与人类真实主体的经济决策实验之间的关系，指出人类真实主体实验与计算虚拟实验方法都可对集聚形象的来源设计可控的实验室环境进行挖掘，而将这两种方法相结合可发现社会科学研究中新的希望点。对人类主体行为的实验研究成果能激发计算实验中人工主体行为的研究，反之亦然。人类主体实验较之基于主体模型模拟分析来说对研究者的要求较高，基于主体的建模技巧可很自然地用于理解人类主体的行为。Roth 和 Murnighan（1978）设计了单个人类主体进行了不同期望的重复囚徒困境实验对虚拟的"编程对手"进行反驳，使大众可以更清晰地了解人类主体博弈行为的特点。Gode 和 Sunder（1993）最早应用该方法提出了在实验室内设计人类主体的买者与卖者模型。许多研究如 Mirowski（2002）设计了一系列基于主体建模的案例用来解释、理解甚至有时用来预测人类真实主体实验中的行为表现。王国成和隆云滔（2011a）提出并应用 HS 与 CA 相结合的方法深入研究分析主体的行为属性，侧重对个体行为属性的分析，通过归纳总结，设定个体行为属性的参数，设计场景进行实时模拟实验设计。HS 与 CA 的相互结合，特别是对人类真实行为的量化分析，将极大地推动行为经济学、实验经济学等前沿学科的深入发展。

不论计算类型如何，所有模型都涉及相同的问题，其思想大都来源于混沌理论与非线性系统。模型结构与非线性系统的噪声极其复杂，而金融

市场恰好具有这些特征，适合基于主体的计算模型研究。基于计算主体的模型与基于人类主体的实验模型有着许多不同之处。在计算主体模型中，主体通常具有异质性偏好与异质信念，价格从来都不会收敛到理性预期均衡处（Rational Expectations Equilibrium，REE）；Plott 和 Sunder（1982）的研究得出与基于人类主体实验模型相反的结果。这些不同点说明了人类学习与推断的关键特征，从而有助于我们更好地理解现实市场上无法重现的市场现象。

运用基于主体的计算模型对市场行为的模拟研究推广了传统的实验方法，它允许实验者在可控环境下检测各种学习行为与市场微观结构的各种理论。与基于人类主体的实验不一样，主体行为的动力学经过数次交易后几乎从来没有"被建模"，而基于主体的计算模型可以很容易地实现复杂学习行为、不对称信息、异质性偏好以及特别启发式算法。Gode 和 Sunder（1993）的研究证明了竞争性市场的一个显著特性：即使是在没有任何学习或智能的情况下，只要预算约束能够不断地满足，计算主体就能最终随机收敛到 REE 处。

基于主体的模型、行为经济、行为金融以及有限理性的研究范式正在迅速扩张。异质性在建模过程中起着非常关键的作用，基于主体的计算实验金融方法将成为未来关注的重点。计算模型变得越来越重要，而且在许多微观层面体现了大量的优势，主体之间相互作用的细节可在模型中得到构建与模拟，从而更好地揭示微观与宏观之间的传导机制。

四、基于主体一体化建模与金融计量建模

基于主体的一体化建模方法与金融计量建模方法具有本质区别，两者具有不同的优点与不足。一体化建模方法在本书前述部分已做了较多分析，本部分重点谈谈金融计量建模方法。金融计量建模方法是金融学与计量经济学相结合一起分析构建模型的思路，计量经济学是将经济理论数量化、实用化的一门实证经济学。其是采用经济理论、数学、统计推断等工具对经济现象进行分析的经济学科分支，具体内容包括模型设计与构建、

参数估计与检验以及运用模型进行预测等。金融计量分析一般指的是金融市场的计量分析，主要包括对金融市场中的各种变量（利率、汇率、交易量、价格等）进行相应的统计分析和计量建模以及对实证金融中的大量金融理论与现象进行分析研究。

常用的金融计量建模软件主要有 EVIEWS、SAS、SPSS、MATLAB、S-PLUS 以及 STATISTICA 等，其中 EVIEWS 与 SAS 在经济金融领域方面的应用较为普遍。EVIEWS 是美国 GMS 公司于 1981 年发行的 Micro TSP 的 Windows 版本，通常称为计量经济学软件包，EVIEWS 是 ECONOMETRICS VIEWS 的缩写，其本意是采用计量经济学方法与技术对社会经济关系与经济活动的数量规律进行"观察"研究，而计量经济学研究的核心是模型设计、资料收集、模型估计、模型检验以及运用模型进行预测分析等。SAS 是美国北卡罗来纳大学两位研究生开发编制的，并于 1976 年创立 SAS 软件研究所，正式推出 SAS 软件。SAS 软件可用于决策支持的大型集成信息系统，目前是全球金融业、保险业以及制造业等诸多领域应用最广泛的软件之一。

如何将一体化建模与金融计量建模两种方法很好地结合起来是当前研究的一个关键问题，也是未来研究的一个热点问题。

五、基于主体一体化建模的实验平台与进展

近年来，由于现实的迫切需求和科技进步的大力推动，基于主体建模的平台建设发展迅速，应用领域不断扩展，效果日渐提升，用 Swarm、RePast、NetLogo、StarLogo、Python、TNG Lab、Matlab 等来实现社会科学计算，如计算实验金融建模和进行模拟训练与辅助决策等（Allan，2010）。许多系统建模方面的专家对一体化建模在社会科学领域的研究与应用有着独到的见解，比如 Gilbert（2008）强调基于主体的一体化建模方法在计算社会科学领域的研究尚属于初期，大量社会科学家越来越关注其应用发展。目前，NetLogo[①] 的应用比较普遍，而其他几种建模方法的优缺点对照

---

① NetLogo 是美国西北大学的 Uri Wilensky 于 1999 年研发的，由连接学习与计算机建模中心（CCL）负责持续开发的一个用来对自然和社会现象进行仿真的可编程建模环境。

如表 3-1 所示。

表 3-1　Swarm、Repast、Mason 与 NetLogo 软件比较

	Swarm	Repast	Mason	NetLogo
资质证明①	GPL	GPL	GPL	免费但不开源
文件编制	可补充	有限的	可改善但有限	良好
用户基础	减少	较大	增加	较大
建模语言	Objective-C Java	Java Python	Java	NetLogo
执行速度	适中	快	最快	适中
支持图形化、用户界面以及开发	受限	良好	良好	容易（通过"点与点击"）
创建电影与动画的内置能力	否	是	是	是
支持系统实验	一定程度	是	是	是
易于学习与编程	较弱	适中	适中	良好
易于安装	较弱	适中	适中	非常简单
链接到地理信息系统	否	是	是	否

　　基于主体的一体化建模是当前社会科学研究方法和学科交叉研究的热点，能为解决现实经济问题提供更加科学和可视化的分析依据。本书将利用 NetLogo 建立基于投资者的一体化模型，对资本市场的投资行为进行模拟研究。

---

① GPL：General Public Licence ［EB/OL］. http：//www.gnu.org/copyleft/gpl.html.

第二节 经济系统计算实验基础

一、复杂性科学与复杂适应系统分析方法

复杂适应系统可看成是非线性动力学系统的子集，复杂适应系统在社会科学与自然科学方面的研究已成为交叉学科的主要关注点。非线性系统无处不在，正如数学家斯坦尼斯·乌拉姆（Stanislaw Ulam）所观察的，"非线性科学"的研究有如在动物园中研究"非大象的动物"一样（Campbell 等，1985）。非线性系统的研究在最初阶段只是关注确定性的混沌研究，而近来更多的是关注自组织系统或反混沌性质的研究。对物理学家与数学家而言，复杂性潜伏在极其简单的系统内让人非常惊讶；对生物学家来说，自然选择在生物世界中不是自然法则的唯一来源；在社会科学中，涌现性的思想来源于局部个体的交互作用，涌现出的复杂全局模式的新性质具有相当大的影响。

复杂适应系统研究组成立于美国新墨西哥州的圣菲研究所，在 20 世纪 80 年代，由一群物理学家、经济学家以及其他对复杂系统感兴趣的专家创立。圣菲研究所在复杂适应系统的早期研究创造了大量的著作与文献。Waldrop（1992）详细给出了复杂性科学、自组织的评述，阐释了复杂适应系统的发展与起源的适应性并指出了复杂适应系统的主要发现。Miller 和 Page（2007）首次系统地介绍了复杂适应系统的基本理论以及它在社会生活中的应用。复杂适应系统理论最早是由霍兰（John H. Holland）教授在圣菲研究所成立十周年的讲话中提出来的，复杂适应系统的提出对人们认识、理解、控制、管理复杂系统提供了新的视角与思路。

复杂系统是相对于牛顿时代的简单系统而言的，两者具有根本性的不同。复杂系统指的是具有中等数目且基于局部信息做出行动的具有智能

性、自适应性的主体系统。

复杂系统理论在过去三十多年里得到了很大发展。它研究一个系统的各个部分如何导致该系统的集体行为，以及该系统如何与它所处的外部环境相互作用。复杂性理论以及复杂适应系统理论是多学科交叉的理论。尽管这些概念已在其他领域得到了很好的发展，但它们在社会科学领域的研究中还属于相对较新的概念（Keshavarz 等，2010）。所有的社会系统与组织都可以看作是复杂适应系统（Holland，1998；Schuster，2005），但截至目前，在人类社会系统方面的研究尚属起步阶段。复杂适应系统已经开始对自然与人工系统展开大量研究，有三种相互联系的方法可用于复杂系统的现代研究：首先，研究交互方式如何产生行为模式；其次，理解刻画复杂系统的方法；最后，通过模式形成与演化研究复杂系统的形成过程。苗东升（2013）指出系统学是一门研究系统整体涌现性的基础科学，其学科任务是以涌现的观点研究系统现象和系统问题，从而揭示系统产生涌现性的机制、规律、原理，制定刻画涌现的基本方法，建立关于涌现的一般理论体系，给技术科学层次的系统理论提供指导。

关于复杂适应系统，尚未有统一的定义，在此我们指的是那些在系统演化、发展过程中主体能够通过自身的学习而改进自身的行为模式，并相互协调、相互适应、相互作用的复杂动态系统。复杂适应系统理论自20世纪后期以来经历了几代科学家的不断深入研究，是对于复杂系统的日益全面理解与认识的成果之一，为研究复杂系统问题提供了新的角度，并且已成为当代系统科学研究的一个热点。复杂适应社会系统方法及其在社会经济中的研究与应用为探讨社会经济系统提供了一种可行的研究方法，其核心之一是主体具有交互性、适应性、多样性以及空间分布性等性质（隆云滔，2015）。

1. 复杂适应社会系统的特征分析

（1）交互性。复杂适应社会系统中的各个主体之间相互联系，彼此作用。在建模过程中，往往需要用到主体间的交互性，以此强调主体间的互动与彼此影响。如果一个局部干扰的效果仍保持局部性的话，这个系统就是弱交互的，也就是说，该系统一个部分的局部干扰对该系统的其他较远

部分没有影响。一个系统称作强交互意味着如果它的一个局部干扰的效果
不是局部的，即如果该系统的局部干扰对该系统较远处有较大影响，就说
明复杂适应系统是"强交互影响"的。社会主体之间的相互联系与交互作
用通常会产生一个非常复杂的社会系统，如金融市场、电力市场以及房地
产市场等。

（2）涌现性。"涌现"已成为当今复杂性科学研究的一个热点领域。复
杂性研究中心——美国圣菲研究所明确提出："复杂性科学实质上就是一
门关于涌现的科学，也就是探索如何发现涌现的基本法则。"涌现性又可
称为集体行为，涌现并不能由各部分的行动简单地得到。霍兰认为，"尽
管涌现是普遍存在的现象，而且相当重要，但它至今仍是一个奇妙的令人
难以理解的问题，人类对它更多的还是感到好奇，而没有进行过细致的分
析"。复杂适应系统理论将涌现现象作为研究的重点，以涌现作为起点研
究揭示并阐释整个系统所涌现出来的特征、来源、意义、形成机理、演化
规律以及作用途径等，力求把握对象的整体涌现性，如此形成一套新颖独
特的理念、思路以及方法等。涌现原理指的是一种自行组织起来的结构、
模式与形态，或者它们所呈现的特性、行为与功能，不是系统的构成成分
所固有的，而是组织的产物、组织的效应，是通过众多组分相互作用而在
整体上涌现出来的，是由组分自下而上自发产生的。自下而上式、自发
性、涌现性是自组织必备的和重要的特征（苗东升，2013）。

Granovetter（1978）探讨的阈值模型（Threshold Models）是一类在数学
上易于求解的模型，其并不要求用基于主体的建模方法来决定从个体选择
涌现出的整体行为。在阈值模型中，最关键的指标是每个主体在每次行动
中的阈值，也就是说，在给定主体采取这种行动之前，必须偏好采取某种
特定行为的比例。Granovetter（1978）的阈值模型中每个主体都有两个相
同的可选行动，而且对每个主体而言这些行动的阈值不同。Miller 和 Page
（2007）通过构建起立鼓掌模型（Standing Ovation Problem，SOP）引入许
多关键的 ABM 主题，特别是集体行为的涌现以及为建模初学者提供的详
细的建模建议，他们利用 SOP 证明了复杂社会动力学是如何从简单的个
体选择之间的相互作用中产生的。

复杂系统主要关注具有交互主体的系统如何产生涌现现象，即使如此，涌现性仍旧是一个虽然已被广泛讨论，但仍未找到"出路"的复杂系统的思想。系统的潜在涌现性指的是个体、局部性的行为聚集成全局行为。Miller 和 Page（2007）提出了多层次的涌现性，它是一个非常重要的概念，因为各个层面上的涌现性都可作为窥伺、剖析更大系统的切入点。现代科学的分界依赖分层的涌现性，例如，物理学归结为化学，化学归结为生物学，生物学归结为心理学，心理学归结为经济学，等等。每一个新的科学都能进一步开发由前一层次所达到的涌现性。对涌现性的最深刻的体会来自那些"局部行为看起来与所产生的聚集结果之间似乎没有任何关系"的系统，但实际上它们却有着千丝万缕的联系，比如市场交易者异质而混乱的尝试所形成的市场价格的稳定性。

为了深入探讨涌现性，Miller 和 Page（2007）引入了大数定律与中心极限定理，将复杂性分类成无组织复杂性与有组织复杂性两种，从而能够更好地探索系统的涌现性。

（3）适应性。复杂适应系统较之复杂系统，特别强调它的适应性，从适应性的角度深入探讨系统的复杂性，即称为复杂适应系统。"适应性造就复杂性"是复杂适应系统的核心所在。适应性是复杂适应社会系统的一个关键性主题。在复杂系统建模过程中，特别强调适应性主体模型，因为它可以实现不同类型的适应算法。具体适应性的主体在自下而上的构建模型中更有可能创建相对稳定的结果。另外，主体间的适应性也会导致系统的涌现性，适应性主体可能在系统中更多地学习，从而深入地促进系统间的协调。

适应性能够改变一个系统的关键性行为。具有适应性主体的系统本身可以通过阻止来自涌现的临界性，减轻整体风险，从本质上讲，单个主体的适应性行动可能导致系统远离临界方式，而更多地倾向于一个全能的设计者，试图平衡系统风险从而创造稳定性。基于适应性主体的模型，已在多个社会科学领域内被证明是有作用的，如人类学、经济学、组织学、政治科学以及社会学等（Holland and Miller，1991）。

复杂系统思想促进了适应性建模的新进展，适应性主体通常可以从根本上改变模型的行为，适应性主体能在战略层面上相互沟通。在建模过程中，如果赋予主体沟通的能力，使行为组合得以延伸，允许主体开始自我识别，那么这种情况一旦出现，便会创造一个充满活力的生态系统。适应性主体能将一个简单的系统变得复杂，在此让它做出预测是非常困难的。

2. 复杂性科学的最新研究进展

复杂性科学研究的最主要方法是计算机模拟与仿真。Arthur（2015）给出了复杂性科学（Complexity Science）的定义：它是一门研究系统中相互作用的要素如何生成整体模式，整体模式反过来又如何导致这些要素发生变化，或导致这些要素调整以适应整体模式的科学。目前，基于主体的建模方法在经济学、社会调查、人口统计以及电力市场等方面已有广泛的研究与应用。经济体是一个无比庞大的并发行为的并行系统，"复杂经济"已提出多年，复杂性科学的奠基者亚瑟在其《复杂性与经济学》一书中对复杂经济的六大特征进行了总结（Arthur，2015）：分散的交互作用、没有全局性的控制者、交叉分层组织、连续适应、永恒创新以及非均衡动力学。具备这六个特征的系统通常被称为"自适应非线性网络"。复杂经济学并不是标准经济学理论的产物，而是超越了一般均衡概念的经济理论。在复杂经济学中所涉及的经济主体如银行、消费者、厂商以及投资者等，都在随市场环境的变化不断调整各自的市场行为、买卖决策、定价策略以及对未来的预测等，从而不断适应市场行为、买卖决策等共同塑造的市场情境。

计算机模拟模型在研究复杂适应系统方面扮演着极为重要的角色。这些模拟模型本身验证了复杂适应系统的特点并为可控实验提供了一片肥沃的土壤。用于复杂适应系统研究的建模方法有元胞自动机（Cellular Automata，CA）、基于主体的模型（Agent-based Models，ABM）、人工神经网络（Artificial Neural Networks，ANN）、遗传算法（Genetic Algorithms，GA）以及认知分层系统。

复杂适应系统的研究已广泛渗透到生物学、社会学以及经济学等领域。具体而言，主要涉及胚胎学的发展、自适应免疫系统的功能、遗传演化、生态学、社会系统、文化、政治、交通系统、新思想的实现、科学理论的检验以及天气系统等。张涛和万相昱（2012）在复杂适应系统框架下采用基于主体的微观模拟模型对收入分配政策进行了动态评价，模拟量化经济转轨时期宏观经济政策促进经济有效增长和合理优化收入分配结构的经济效果，并发现了货币政策与财政政策在收入分配效应与经济增长两方面的非对立性，从而为根据现有的经济形势与政策目标合理组合的宏观政策提供了现实依据。

复杂适应系统未来的发展领域将集中在信息化科学研究（E-Science）与社会科学（Web-Science），E-Science 是计算密集型的学科，目前主要应用在社会模拟、粒子物理、地球科学以及生物信息学等领域。Web-Science 是一个新兴的交叉学科，其研究需要交叉领域的结合，比如数学、社会学、经济学、心理学、法律以及计算机科学等。利用交叉性学科研究支撑技术的社会与组织行为非常有必要。

金融市场可看作是介于不同的、竞争的交易策略之间的演化系统，金融系统本质上是由大量具有适应性、交互的个体组成的复杂系统，因此可用复杂适应系统的思想构建模型进行深入分析。金融市场中的各个主体都是有限理性的，且他们倾向于遵从表现良好的策略。在充满各种异质性的金融市场中，主体采取技术性的交易规则，在演化竞争的环境下规避风险。

随着现代计算机性能的高速发展，计算实验与复杂适应系统的结合研究已成为必然的趋势。计算实验方法在社会科学方面的研究已初见端倪，特别是计算实验方法在金融市场的研究已成为一个新兴的交叉学科。基于复杂适应系统思想，结合金融经济学理论，依托计算实验方法，可从全新的视角阐释当前的"金融异象"，开创了一个富有挑战性的新兴领域。

复杂适应系统理论对微观动机与宏观行为之间的联系具有独到的见解，涌现是在各个主体间的相互作用的基础上产生的，宏观涌现现象来源于微观个体之间复杂的交互作用，从而为阐释社会经济生活中的诸多复杂现象提供了可行路径。

复杂适应系统历经三十几年的发展，已渗透到社会科学的各个领域，尤其是在经济社会、金融市场、人文地理等学科方面的研究凸显了其重要性。当然，复杂适应系统在这些学科之间的领域内的应用研究甚广，但目前尚处于初级的探索阶段，未来的研究空间非常大。在基于主体的建模过程中，复杂适应系统思想的具体实现尚有很大难度，在探索研究的过程中，必须不断解决将社会个体行为量化的问题。复杂适应系统可将 HS 实验与 CA 实验结合起来，从而寻求一种可行的解决办法。

二、遗传算法在社会科学领域内的研究

遗传算法已经被经济学家广泛地用来研究异质性、适应性主体的现象。该算法与复制动力学不同，它允许开发新的策略或决策，对于大型决策或策略空间研究遗传算法是最有效的抽样方法。

众所周知，遗传算法基于"适者生存"的法则，可用来构建经济主体的学习行为。遗传算法最早是由 Holland（1975）提出的，他明确提出经济学是遗传算法的一个应用领域。然而，遗传算法在经济学上的第一个应用只是用来解决具体的问题。到目前为止，只有少数的研究者开始着手学习并改善经济理论以及通过基于主体的模拟方法寻找微观行为与宏观层面之间的关系。遗传算法可以让我们了解调查经济系统可能的均衡结果。涌现行为在物理学中时常产生，人类社会的特征具有独特性，其能识别涌现特征关注个体行为的规则，利用模拟发现大规模结果的含义，并命名为"微观动机与宏观行为"（Gilbert，1995）。

遗传算法中的关键概念是交叉、选择以及变异，通过基因突变等方式改变基因组成格局。同样，社会生活中的许多问题可以看成是演化生成的，通过实验可进一步观察经济社会中个体的行为变化与决策动因。当遗传子应用到经济系统时，它是如何表示的，可参考 Arifovic（1996）、Bullard 和 Duffy（1998）、Dawid（1999）、Riechmann（1999，2001a，2001b）给出的解释。可以将遗传算法中的字符串看作是单个主体的决策，因此，遗传算法是由许多交互主体组成的。选择算子比较容易理解，它能保证主体或决策在过去有好的表现以便在未来能够较好的选择。然而，表现欠佳的决策在未来更有可能被丢弃。这种基于相对收益或者适应度成功的决策

的可能性选择类似于随机强化学习或随机复制动力学。群体的交替不能随便地解释为生存或死亡，相反它可以解释成在群体中存活时间较长的参与者的决策或想法。当字符串的群体被看作是单个主体时，交叉或重组算子比较容易理解。在这种情况下，交叉可被认为是一对主体之间的通信，他们可以交换位串或思想。

很多学者认为遗传算法是重新改善决策的黑箱生成器，而没有太多关于遗传算子的解释。遗传算法作为一种仿生优化算法，为复杂系统科学的优化问题提供了可行方案，大量的研究证明遗传算法在社会科学领域的应用具有良好的前景，被认为是 21 世纪解决有关社会科技的关键技术之一。遗传算法作为异质性主体群的适应学习模型的合理性已得到广泛的研究与认可。

三、NetLogo 软件应用

20 世纪 80 年代主体建模方法的引入，特别是 NetLogo 的发展，给社会科学与复杂建模领域带来了新的契机，在经济学、心理学以及行为科学等学科领域出现了大量的模拟研究。

20 世纪末由美国西北大学开发的 NetLogo 是从微观市场行为分析入手探索宏观复杂经济现象的有力工具，非常适合对复杂系统与复杂适应系统构建模型，特别是对随时间演化的系统建模具有天然优势。建模者可以对成百或上千的独立运行的"主体"（Agent）发送指令，并实现建模者的意图，在模型中可对主体以及主体之间的行为进行模拟，从而导致宏观涌现，这为研究微观个体行为与宏观复杂现象之间的内在联系提供了工具。

NetLogo 提供了非常丰富的文档资料与学习教程，同时配备了大量的模型库，可供初学者学习使用并进行修改①。这些模拟案例包括自然科学与社会科学的各个领域，如生物学、医学、物理学、化学、数学、计算机

---

① NetLogo 软件的官方网站（http://ccl.northwestern.edu/netlogo/docs/）为编程者提供了大量关于 NetLogo 的学习资料。

科学、经济学以及社会心理学等。NetLogo 具备良好的编程环境，便于各种编程人士如教师、学生及科研人员等构建自己所需的程序。NetLogo 在 Java 虚拟机上运行，因而可以在大多数操作平台（Mac、Windows 以及 Linux 等）上工作，模型可作为 Java 小应用程序在网页浏览器上运行，同样也支持命令行操作。

NetLogo 软件平台在许多领域都有广阔的应用前景，尤其在复杂适应系统一体化建模方面表现出的优势特别明显，NetLogo 具有良好的用户界面，对模型想要表现的各种现象可以很直观地表达出来，特别是在本书的实验部分它的优越性得以体现，通过实验设计分析投资者与资本市场彼此之间的相互作用。从微观视角探讨投资者的行为分析 NetLogo 可以较好地描述异质性投资主体，特别是对投资者层次认知行为的建模，可以充分发挥它的优势，通过微观投资者之间的相互作用。结合人类真实投资主体实验设定实验规则、调整实验参数，可对资本市场复杂经济现象的涌现研究提供技术支持，从而更好地挖掘复杂投资行为与资本市场典型化事实之间的内在对应关系。

第三节　社会科学计算实验

计算社会科学是一门新兴的交叉学科，它重点关注的是将自然科学的科学计算方法应用到社会科学，将社会科学理论转换成易于理解的计算结构，对研究微观、宏观一体化问题具有重要意义。传统研究方法忽略了微观与宏观的内在联系，整体性研究较为缺失，通过计算实验可以将难以分析的人类行为，通过模拟仿真观察人类的细微行为差异，从而研究人的宏观行为表象；通过对人类的整体研究，计算实验可进一步挖掘出人工社会与自然社会之间的联系。计算实验在社会科学领域的广泛应用，已为金融学、数量经济学等学科提供了新兴的研究热点，计算实验与其他学科相互结合可为社会科学的研究提供新的思路与方法。

一、计算实验金融

将金融市场看作是复杂系统可追溯到18世纪晚期的亚当·斯密时代。最近约翰·梅纳德·凯恩斯与他的合作者试着基于历史模式进行定性描述并量化复杂性。凯恩斯经济在第二次世界大战以后风靡了几十年。凯恩斯预言通货膨胀可使社会走出萧条：即随着不断上涨的价格刺激供给，生产者在通货膨胀情况下通过增加产量并雇佣更多的工人对不断上涨的价格做出反应。但当美国政策制定者增加货币供给以提高就业时并不奏效——最终导致高通胀、高失业的局面，即"滞胀"。Robert Lucas等早在1976年就主张凯恩斯模型已失效，因为他们忽略了人类的学习与适应能力。企业与工人了解的通货膨胀仅仅是通货膨胀而已，并不会将物价的上涨与工资联系起来。Arthur（2015）在其《复杂经济学》一书中明确指出金融市场是复杂系统，资本市场的行为主体预测心理创造了行为主体试图预测的世界。资本市场的价格是由交易者的预期交互形成的，而这些预期又是基于其对他人预期的预期判断所形成的。亚瑟早期在他们构建的人工股票市场上对这种内生预期市场模型进行了模拟研究，发现从众效应是明显存在的，而获得投机利润的机会也不会太少。

20世纪中后期，金融学见证了一场革命，有效市场假说、资产定价模型以及布莱克—斯克尔斯期权定价模型（Black-Scholes Option Pricing Model）提出了一个新的、坚实的科学基础。这些基础伴随着一个非常重要的计算维度，大型机器可读的数据集以及分析这些数据集的计算能力为金融研究提供了重要基础。在基于主体的计算模型（Agent-based Computational Model）中，计算机又一次承担了思考金融市场研究转变的重点任务。模型带来了一种全新的世界观，关注主体在各种条件下的反应，而不仅是他们的信息，更多的是关心主体在多维情况下对信息的处理能力以及他们对风险的态度。

金融市场对基于主体的建模方法而言，是一个非常有吸引力的应用领域：第一，金融市场上关于市场有效性与理性的主要争议仍然悬而未决；

第二，金融时间序列包含了许多仍未解决的谜题；第三，金融市场提供了大量可供分析的价格与交易数据；第四，考虑演化时，金融市场可通过财富或者回报绩效对一个大致的适合度测量给出一个较好的近似；第五，在某些情况下，金融市场可与相关的实验结果紧密联系，而这些实验结果可与实际的金融市场相对应。

金融市场对基于主体的计算模型而言是一个富有挑战性的研究领域。金融市场是最早应用基于主体的计算模型的重要领域之一，其原因有二：首先，该领域有许多标准化建模方法尚无法解决的开发性问题；其次，金融市场有大量金融数据可供检验（LeBaron，2006b）。基于主体的建模者也考虑对早期的金融市场模型增加详细的市场微观结构，以建立新的模型。此举更能深入地构建市场交易的实际机制，而不是建立一个程式化的交易框架。这些面向模型的微观结构可以很好地回答涉及相同交易机制的设计与结构问题。在某些市场内，制度是研究的核心问题，主体仅仅是检验他们行为的一种手段。在基于主体的计算实验金融模型中，某些政策问题能够得到更好的解决。

总而言之，金融市场特别适合基于主体的建模方法的应用。证券交易市场是一个组织良好的市场，现有的市场有效性与理性预期的理论结构正受到质疑。有许多经验特征表明传统方法并不能与之相匹配。基于主体的建模方法为这些难题提供了一些有趣的可能性。有许多研究证明这些是可行的，源于行为金融领域对严格理性的偏差，强调某些从实验中得到的关键心理偏差，可参考 Hirshleifer（2001）、Barberis 和 Thaler（2003）。

由动态异质性适应主体构成的集合组成的金融市场模型重复了大量重要的典型化事实，而且也提出了许多资产价格变动背后的潜在行为的见解。LeBaron（2012a）给出了一个新的基于主体的金融市场，意在揭示微观主体与宏观层面之间自然与结构的一些见解，在模型中对异质性主体基于过去信息赋予不同的权重并设计资产组合策略，该模型能够充分生成资产市场上的许多常见的典型化事实。同时，他还给出了该模型也能对主体策略的动力学以及他们如何导致市场不稳定方面的一些想法。该模型的作用就是要设计一种市场情景，从各个角度分析理解金融市场动力学的基本结构。LeBaron（2012a）总结了金融市场中的基于主体的计算模型，提出并分析了在许多金融场景中关于投资者异质性的重要性与动力学性质的重要见解。

基于主体的计算金融模型将金融市场看成是由具有学习能力和有限理性的主体相互作用构成的群体。基于主体的异质性模型在金融市场的应用已有相当长的时间，在近来的文献中有很多相关的例子（如 Hommes，2006b；LeBaron，2006b；Chiarella 等，2009；Hommes 和 Wagener，2009；Lux，2009；等等）。多主体系统中的异质性与学习方面的有趣理论结果可参考 Frydman 和 Goldberg（2007）、Adam 和 Marcet（2011）。他们共同的主题就是考虑主体随着时间的适应性学习且接收并反馈到时间序列动力学。内在的价格变化则会反馈到动态学习机制。在模型中，主体是有限理性的，而且这些系统的潜在行为空间巨大。基于主体的金融市场模型主体学习处理过去信息时大多强调异质性的可能（如 Diks 和 Weide，2005）。Dacorogna 等（2001）提出了一种理念与一些时间序列模型以及由具有许多不同时间观点的主体占据的市场。基于主体的金融模型最重要的特点是能够探索短期记忆与长期记忆交易者的演化互动，而且能够研究哪一类的交易者占优。

基于主体的计算模型能够重现典型化事实，而经济学与金融学中更为标准的方法则很难实现。这些典型化事实包括尖峰、异方差以及价格在基本价值处产生较大的波动。同样，市场也会导致交易量的显著性水平在收益与波动率之间实际移动。基于主体的计算模型为将金融市场模拟为一个复杂系统提供了一种方法，正如凯恩斯、卢卡斯所提倡的，在模型中考虑人类的适应性与认知性。这类模型允许创造一类虚拟的系统，其中有许多参与者，他们表现得复杂而更为实际。

计算实验金融学（Agent-based Computational Finance，ACF）将金融市场看作由多个具有适应性的异质主体所组成的复杂系统，它在既定的市场结构下，运用智能信息技术对这些主体的适应和学习行为及其交互作用进行微观模拟分析，从而形成金融模拟市场（如模拟股票市场、外汇市场和期货市场等），通过在这种模拟市场中进行微观层次的实验（如异质性主体的生态群落演变、个体学习特征、市场交易规则变化等）来揭示市场动态特性及其成因。它作为一门新兴的金融学分支，正日益凸显其研究的重要性与必要性，基于主体建模的计算实验金融方法的基本思想是把金融市场看作由多个不断进行学习、具有有限理性的、交互作用的异质性主体参与组成的复杂演化系统，运用信息和计算技术来模拟给定的市场交易结构、市场微观层次，把市场中的投资者定义为具有适应性的主体，由它们在各个证券市场上形成投资组合，进而揭示由此"涌现"出来的金融市场的动态特性及其成因的一门金融学分支（张维等，2010）。

实验经济学方法与计算实验金融模拟方法以人机交互技术为依托的融合，势必成为现代金融领域与投资者问题研究的计算理论和方法体系。通过与现代金融经济学、复杂性科学等学科理论的紧密结合，计算实验金融在资产定价、市场微观结构以及风险管理等方面均取得了重要的研究进展。但计算实验金融方法作为一门新兴的学科在理论、方法上仍存在很多的缺陷与不足，因此需要不断地对该方法进行改进与完善。当前迫切需要建立的是对金融市场系统结构的建模分析，开发行之有效的计算实验方法，寻找理论基础。另外，LeBaron（2006b）对现有计算实验金融方法的研究不足做了总结分析，制定一套具有适应性的建模规则以及系统的概念模型是解决当前问题的关键。计算实验金融随着计算机硬件与软件的飞速发展，在经济金融研究中凸显了优势，Tsang 和 Jaramillo（2004）提出了计算金融研究领域的研究范围与前景。

自 20 世纪 90 年代以来，LeBaron 与他的研究团队一直致力于用计算实验的方法研究金融市场，已积累了丰厚的研究基础，对 2008 年的全球金融危机做出了合理的解释。他在海曼·明斯基的基础上构建了人工股票市场的一个真实的明斯基时刻（Real Minsky Moment），通过基于主体的金融市场模型验证了明斯基的思想，能够很好地与宏观经济相联系（LeBaron，2012c）。他研究了财富动态以及动量交易的偏差，提出财富选择与效用最大化并不是一回事，次优的金融预测策略很难离开市场，而有时能够做出较好的预测（LeBaron，2012b）。

二、计算实验与数值模拟

计算实验通常可将社会现象、社会科学问题等最基本的情景抽象化、符号化，如人的行为与心理活动、机构的基本特征与功能、社会基本运行机制等复杂系统进行建模，构造虚拟场景，以此为基础再利用计算技术对各种社会现象与动态演化过程进行模拟实验，通过分析实验结果研究当前社会复杂现象。计算实验与社会仿真在某种意义上可以等同理解。社会仿真是对社会现象中各种行为构建计算机程序对其进行模拟，随着计算实验在社会科学领域的推广与应用，其重要性日益凸显。

Woodcock（1977）观察到"某些事件，比如股票市场崩盘与突然的结构性失败是完全不可预测的，但如果有一个革命性的数学理论履行其承诺的话，这种情况可能会发生改变"。这种"革命"涉及突变理论或混沌理论的出现。一般来说，混沌理论包括大量非线性模型，而且这些非线性模型都具有确定性。计算实验与社会仿真都是基于一些假设条件而言的，在宏观层面，群体行为通常是微观个体行为的集聚表现。如何通过计算实验将这两者之间的联系挖掘出来对社会科学的研究非常重要。

仿真的类型有如下几种：微观仿真、系统动力学、离散事件仿真、元胞自动机以及基于主体建模等。如图3-1、图3-2所示是统计模型与仿真逻辑框架图，可帮助我们探讨这两者之间的联系与不同。统计模型的思路如图3-1所示。

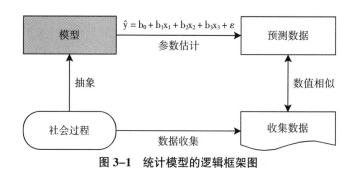

图3-1　统计模型的逻辑框架图

数值模拟也称为计算机模拟，它是以电子计算机为工具，通过数值计算与图形显示的方法以期解决工程问题、物理问题以及自然界中的各类问题。数值模拟试验指的是应用电子计算机，对模拟各种复杂现象比如天气现象以及大气运动过程的不同数学模型（包括方程式、初始条件、边界条件、各种参数等）进行试验，以揭示其内在的客观规律（比如通过数值模拟方法研究台风的形成、发展以及运动轨迹等）。数值模拟一般需要某些特定的高效率以及高准确度的计算方法，比如微分方程的离散化方法及求解方法等。数值模拟通常的研究思路是：首先，建立反映实际问题本质的数学模型，具体而言就是建立反映问题各个变量之间的微分方程及相应的求解条件，然后寻找适合的计算方法；其次，根据具体的问题编制程序并进行计算；再次，分析模型参数，运行程序后得到相应的数据，并对数据进行分类等工作；最后，将模型得到的数值解与真实解进行比较，分析数值结果的合理性。仿真逻辑框架如图 3-2 所示。

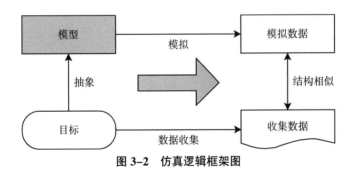

图 3-2 仿真逻辑框架图

如果能够将计算实验与数值模拟很好地结合，在面对社会复杂现象以及各类突发事件时，我们的处理能力与应急能力就会大大增强。可以说未来计算实验与数值模拟的相互结合将是研究界需要着重努力的领域。

三、计算实验与数量经济学的对比分析

当前宏观经济学方面的理论专家将微观基础模型粗略地分为三种基本

形式：第一种是动态随机一般均衡（Dynamic Stochastic General Equilibrium，DSGE）模型，第二种是 N 阶段的重复迭代（N-period Lived Overlapping Generations）模型，第三种是基于主体的宏观经济（Agent-based Macroeconomic）模型。Tesfatsion（2003）列出 ACE 方法的主要目标以及特征，特别强调 ACE 是将对经济学的计算研究作为自动交互主体模型化的演化系统。Axelrod 和 Tesfatsion（2006）特别指出，对 ABM 感兴趣的经济学家以及其他社会科学家应当能够在他们所期待的应用领域有充分的锻炼，具有基本的编程能力、数理统计的功底以及良好的数学技巧等。

传统的计量处理方法存在显著的系统性偏差（Systematic Warp）可能是导致宏观复杂性最主要的原因之一；若建立的模型是非线性的，统计特征不服从独立同分布（IID）假设；由于人类行为的复杂性，对投资行为的不对称性难以用计量方法完全刻画描述，经典计量分析的局限性导致了人们寻求更加适合实际研究的方法，计算实验方法得益于现代高性能计算水平的强力支持，对于现实经济的模拟分析具有可重复性与可再生性，能突破传统计量方法的局限，可先通过统计方法分出不同主体行为模式并推断其关键因素，在计算实验方法中设置关键参数，从而抽象出对投资行为起决定作用的影响因素。

计算实验模拟分析方法与经典计量方法相结合，能在一定程度上解决对理论与数据的过分依赖等问题，对现实经济问题的深入研究具有重要意义，通过计算实验微观模拟能将现实经济问题刻画得更加透彻，同时可对计量分析方法得到的结论进行修正，从而能为现实经济活动提供更好的政策建议。

应用计算实验模拟方法，借助复杂适应系统科学的分析思路，分析影响投资者投资决策的因素，对投资者具体行为决策建立模型，应用复杂适应系统分析方法解决社会经济科学中的问题在未来将有很大的研究空间，目前复杂系统科学的方法在社会科学领域的应用尚属探索阶段，因此，可发展探索的空间巨大，利用自然科学的计算实验模拟方法，透析社会科学人类行为的复杂多变性，将迎来新一轮科学的创新与转变。

第四章 资本市场投资行为分析

深入分析微观个体投资行为，必须从根本上探讨投资决策动机的各种影响因素，行为金融理论与现代金融理论提供了分析基础，但在行为模拟、量化计算等方面仍存在一些差距，为了探寻影响投资者决策的关键行为特征以及与市场典型化事实的内在联系，需要从资本市场微观投资行为分析出发，深入挖掘影响投资决策的各种因素以及关键参数。资本市场投资行为的复杂性以及日益复杂的金融交易环境给投资行为的研究带来了新的契机。随着对微观宏观一体化分析框架的深入研究，对资本市场投资者的行为分析显得尤为重要，从投资者的行为分析着手，可以从根本上探索投资者行为的复杂性与异质性。结合我国的实际市场交易数据，构建资本市场投资行为一体化模型，分析投资者的异质信念，从而挖掘影响股市投资的重要因素。

第一节 我国股市的发展

一、我国股票市场的基本行为特征

我国股票市场的萌芽及最初的探索阶段是 1978~1991 年，这一阶段股票发展经历了股票发行创"新纪元"，股票交易由"暗"转"明"的过程，证券交易所以及中介机构也在这一阶段逐步成立。第二阶段是 1992~1998

年，主要是全国性股票市场逐渐形成并有了初步发展。1992 年 10 月，国务院证券管理委员会和中国证券监督管理委员会成立，标志着我国资本市场开始逐步被纳入全国统一监管框架，区域性试点推向全国，全国性市场由此开始发展。1998 年 4 月，国务院证券管理委员会撤销，中国证监会成为全国证券期货市场的监管部门，建立了集中统一的证券期货市场监管体制。第三阶段是 1999 年至今，这一阶段主要是股票市场的规范与发展阶段，法律体系逐步规范完善，《中华人民共和国证券法》于 1999 年 7 月 1 日正式实施，是中国第一部规范证券发行与交易行为的法律，并依此确立了资本市场的法律地位。2005 年 10 月，全国人大修订了《公司法》和《证券法》，并于 2006 年 1 月 1 日正式实施；股权分置改革让股市"脱胎换骨"，证券公司综合治理"净化"中介市场环境。2007 年是中国股市发展史上非常重要的时期，自 2007 年 11 月底开始，我国股市受美国次贷危机以及市场过度扩容的影响开始下挫。2008 年 10 月 28 日，股市更是从本轮行情最高点暴跌至 1664 点，下跌超过 72%，创下当时全球股市最大跌幅。当我国股市变动如此之大时，政府并未采取相关补救措施。全球金融危机对我国股市的影响直至现在仍然非常严重，全球资本市场的流动及发展与每个国家或机构的发展都是密切相关的，比如 2010 年欧洲债务危机，美国次贷危机后多国实施的宽松量化货币政策等，对全球股市的影响不容忽视。

股票市场发展较快，衡量股票市场发展的最重要的指标是股票市场的大小，股票市场越大，市场的竞争力越强，融资成本就越低，从而资本的配置效率就越高。衡量股票市场大小的指标主要有两个：一个是证券化率，即股票市价总值与该年 GDP 的比率；另一个是股票有效账户数。我国自 1990 年以来，证券化率的变化情况如图 4-1 所示，我国股票市场发展规模从 1990 年的 8 家上市公司发展到 2017 年的 3485 家，如图 4-2 所示。

我国股票市场的行政化程度较高，我国的股票市场是中国特色社会主义经济发展过程中，逐渐摸索形成的产物，其从成立之日起，就被纳入政府管辖的范畴，成为"政策市"。这种管理方式直接导致了我国股票市场的市场化程度低、行政化程度高的特点，欠发达国家的金融抑制与金融制约现象在我国股票市场中得以充分表现。长期的政策市必然导致我国股票

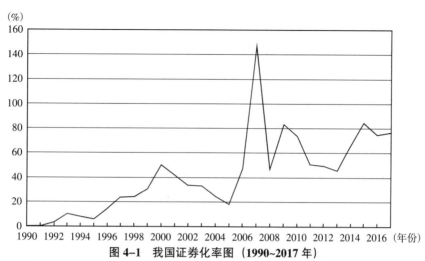

图 4-1 我国证券化率图（1990~2017 年）

资料来源：Wind。

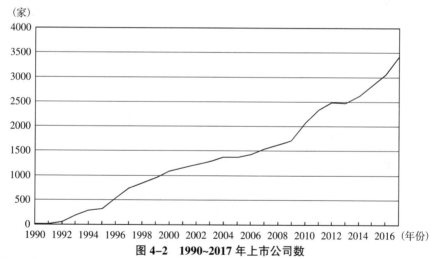

图 4-2 1990~2017 年上市公司数

资料来源：Wind。

市场的效率受到严重影响。

股权结构的缺陷。当前，在我国股票市场上，"国有股"和"法人股"在上市公司股权结构中占据主要地位，也就是通常所说的"一股独大"，这主要是因为在我国股票市场形成阶段以政府推荐上市公司为主，这种包揽的行为导致了上市公司股权结构的缺陷。这种同股不同权，同股不同价的现象严重影响了股票市场的发展，降低了股票市场的效率。

与宏观经济增长相背离，在我国股市长期大涨大跌的背后，中国宏观经济却长期保持较高的增长率。从发达国家的经验来看，股市和宏观经济尤其是 GDP 的相关程度很高，一般围绕 GDP 上下波动，而我国股市与宏观经济之间不存在反映与被反映的关系，从另外一个角度表明了我国股市所独有的一些波动特征。股市参与者对股市的预期和上市公司是否盈利不存在直接关系，而是主要看参与者捕捉信息的能力。我国 GDP 走势与股市市值之间的关系如图 4-3 所示。

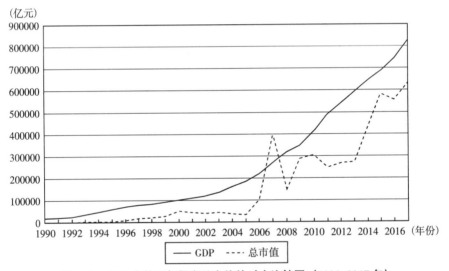

图 4-3　GDP 走势图与股市总市值的对应比较图（1990~2017 年）
资料来源：Wind。

由以上有关我国 GDP 走势与股市市值的发展情况来看，股市功能缺乏财富效应，居民财产转移渠道存在风险，虽然 2007 年我国股市发展势头明显大增，但 2008 年全球金融危机以后，我国股市一度进入低迷阶段，与 GDP 的增长率没有明显的对应关系。探寻股市活跃度与我国 GDP 发展之间的关系也是值得研究探讨的问题。

当前，影响我国股票市场价格的主要因素有两个，其一是宏观层面的因素，包括宏观经济因素、政治、法律、军事以及文化等因素；其二是产业与区域因素，包括公司本身的因素、市场因素等。股票一旦进入流通市场后，其价格就不再由基本价值决定，更多的是由买卖双方的博弈决定。因此，研究我国投资者投资决策行为对分析我国股票价格的变动也有积极效应。在后续研究中我们将综合分析各因素对股票市场的影响。

二、我国股票市场行为特征的数据分析

研究股票市场投资者行为，必须对股票市场的总体规模、股本量、总市值、行业情况以及股票交易情况进行探讨分析，下面将给出详细介绍。

1. 我国股票市场的总体情况

从 1990 年到 2018 年 7 月，我国上市公司及在 A 股上市的公司呈现逐年增加的趋势（见附表 1）。上市公司总数由我国证券交易所成立之初的 8 家增加到 2018 年 7 月 25 日的 3550 家，增长了 442 多倍；A 股上市总家数也由 1990 年的 8 家增加到 2018 年 7 月 25 日的 3533 家，增长了 440 多倍（见图 4-4）。

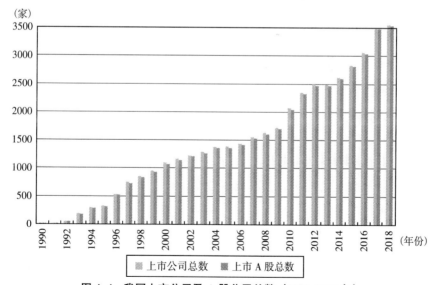

图 4-4 我国上市公司及 A 股公司总数（1990~2018 年）

资料来源：Wind。

我国股票总股本由 1990 年的 0.973 亿股增加到 2018 年 7 月 25 日的 64026.397 亿股，增长了 65802 多倍；流通股本由 0.469 亿股增加到 2018 年 7 月 25 日的 55357.050 亿股，增长 118031 多倍；A 股流通股本由 0.469 亿股增加到 2018 年 7 月 25 日的 47758.021 亿股，增长了 101828 多倍（见图 4-5）。

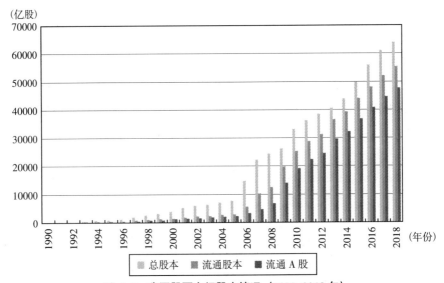

图 4-5　我国股票市场股本情况（1990~2018 年）

资料来源：Wind。

我国股票总市值由 1990 年的 23.822 亿元增加到 2018 年 7 月 25 日的 571561.438 亿元，增长了 24006 倍；我国 A 股流通市值由 1990 年的 9.824 亿元增加到 2018 年 7 月 25 日的 410481.713 亿元，增长了 41770 多倍（见图 4-6）。

2. 我国股票市场的行业情况

从行业总股本以及 A 股流通股本来看，截至 2018 年 7 月 25 日，制造业、金融业及采矿业占据前三。这三大行业的股本数依次为 22402.450 亿股、19643.372 亿股以及 5338.162 亿股，占股票总股本的比重依次为 34.1%、29.9% 以及 8.1%，三项合计占总股本的 72.2%。三大行业的 A 股流通股本各为 17508.908 亿股、12960.753 亿股以及 4433.178 亿股，占 A 股流通股本的比重分别为 35.8%、26.5% 和 9.1%，三者合计达 71.3%（见图 4-7）。

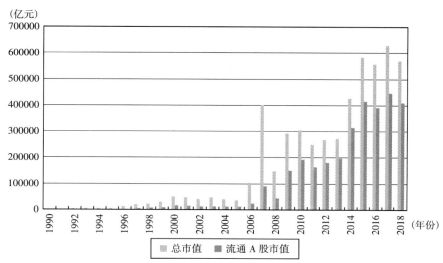

图4-6　我国股票市场市值情况（1990~2018年）

资料来源：Wind。

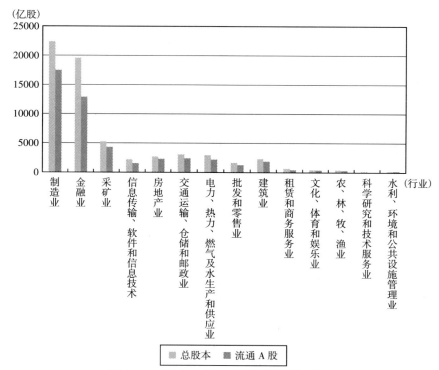

图4-7　2018年7月25日我国行业股本情况

资料来源：Wind。

按照我国证监会划分的行业来看，截至 2018 年 7 月 25 日，在 13 个行业中，占据行业总市值及 A 股流通市值前三名的行业分别为制造业、金融业及采矿业。从行业总市值来看，这三大行业分别为 251923.236 亿元、139397.303 亿元、37429.819 亿元，占股票总市值的比重分别是 43.5%、24.1% 以及 6.5%，这三大行业总计达 74.1%。从 A 股行业流通市值来看，这三大行业的市值分别是 188430.238 亿元、89859.737 亿元以及 31062.155 亿元，占 A 股流通市值比重分别为 45.3%、21.6% 以及 7.5%，这三者合计达 74.4%（见图 4-8）。

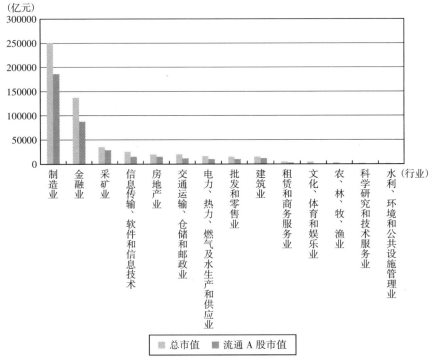

图 4-8 2018 年 7 月 25 日我国行业市值情况

资料来源：Wind。

3. 我国股票市场融资情况

自 1990 年我国证券市场成立以来，我国 A 股市场的主要定位就是企业融资。特别在证券市场成立初期，其最主要的目标是为处于困境之中的国有企业融资，以摆脱它们在经营过程中的资金缺口。我国股票市场历经二十多年的发展与完善，A股市场"重融资、轻投资"的特征仍然相当明显。A股市场为我国上市企业尤其是国有企业的融资做出了重大贡献，但这种行政干预下的"重融资"格局也是A股市场发展缓慢或者说畸形发展的重要原因。

从股票的发行地域来看（见附表2），我国股票融资呈现向发达地区倾斜的趋势，这与发达地区国有企业、高科技企业所占比例较高有关。所有省（市、区）股票市场融资共计123252.12亿元。其中：首发融资29263.58亿元，增发融资75233.93亿元，配股融资5715.37亿元。在各个省市融资规模中，北京、广东、上海、浙江、江苏以及山东在股票市场上的总融资规模及首发融资中位于前六位。其中，在股票市场上的总融资分别为27851.09亿元、15886.43亿元、13098.06亿元、9362.90亿元、9273.72亿元和4343.24亿元，首发融资规模分别是8511.71亿元、4153.92亿元、2630.05亿元、2482.05亿元、2515.25亿元和1168.65亿元。

从Wind行业分类来看（见附表3），24个行业共计融资123167.88亿元，其中IPO（即首发）融资29260.71亿元。从具体行业来看，资本货物、银行、材料Ⅱ、多元金融、技术硬件与设备和房地产Ⅱ排名前六，其融资总额分别为18415.66亿元、16781.06亿元、15312.23亿元、7499.13亿元、7390.98亿元和6716.24亿元。在IPO融资中，资本货物、银行、材料Ⅱ、能源Ⅱ、技术硬件与设备、多元金融占据前六，其首发融资额为5466.43亿元、3529.84亿元、3106.52亿元、2319.99亿元、1851.21亿元和1505.78亿元。

资本市场发展规模持续增大，在国民经济生活中扮演的角色也日益重要，针对当前我国资本市场投资者行为的复杂性与不稳定性，结合真实股票市场交易数据，我国资本市场不同于其他发达国家，具有非常独特的特点，需要不断地深入挖掘投资者真实行为的微观动机，从而为揭示资本市场宏观典型化事实提供理论基础与现实依据。

第二节　金融市场中的交互主体

一、交互系统主体行为分析

交互系统的随机模型在人口生物学与统计物理学方面起着非常大的作用（Kingman，1980；Chen，2004）。近年来，许多一流的思想家提出发展包含主体与演化机制之间交互作用的经济模型，如 Palmer 等（1994）、Farmer 和 Lo（1999）。金融市场被看作是由许多有限理性的主体通过简单的异质性投资策略相互作用的复杂适应系统。投资者不断调整他们的行为以应对处理新的信息，并随时间通过社会交互不断改变策略效应。一个交互主体系统充当噪声滤波器，转换并放大关于经济基本面的纯随机消息，将其变成一个展示重要典型化事实的总体市场结果的平台，其典型化事实有不可预测的资产价格与收益、过度波动、临时泡沫与突然崩溃、庞大而持续的交易量、集群波动以及长期记忆等。个体在微观层面的简单交互引起宏观层面上集聚行为的复杂结构与涌现现象，可参考 Hommes（2006b）、LeBaron（2006a）。

金融学中的传统方法基于代表性的理性主体进行分析，往往能做出最优投资决定以及对未来发展的理性预期。Friedman 和 Savage（1948）对理性有一个早期的非常高的评论，他们认为"非理性"主体将会赔钱，而理性主体将获得更高的利润。从本质上说，这是一种认为非理性主体将被理性主体驱逐出市场的演化争论。在一个完全理性的市场里，信息被即时传播，资产价格能够反映经济的基本面而使资产配置有效。传统观点认为，主体仅仅通过价格系统相互作用。在过去十几年中，金融市场的传统观点受到了来自有限理性（Sargent，1993）、行为金融（Barberis 和 Thaler，2003）以及基于主体的计算建模（Tesfatsion，2006）等理论与方法的挑战。

凯恩斯早期强调投机资产的价格由市场基本面决定，但"市场心理学"发挥着重要作用。另一个关于完全理性的早期评论应归于 Simon（1957），他强调主体的计算能力有限，而且也面临信息收集成本等。因此，用简单的、次优的"经验法则"来描述个体行为会更加准确。沿着同样的思路，特维斯基与卡尼曼从心理学角度认为在不确定条件下的个体决策行为可以通过简单的直观推断与偏见（Heuristics and Biases）更好地得以刻画（Tversky 和 Kahneman，1974）。早期的研究者认为马尔科维茨模型（Markowitz）的关键假设条件是：所有的交易者都是价格的接受者，而 Villena 和 Reus（2016）则用平均方差方法分析出大规模的投资者可以改变价格，并开发了一个包含两个资产与两类投资者的通用的简化应用程序，以阐释机构投资者与个人投资者潜在的策略差异。

　　许多学者专家在金融市场上利用基于主体的复杂投资行为的建模方法，在该领域内已做了大量的研究工作，Black（1986）把交易者分为信息交易者与噪声交易者，Föllmer 和 Schweizer（1993）使用 Black（1986）对交易者的分类方法研究一个交互主体的金融模型。他们假设交易者的数量可数，并介绍了一个采用简单的对数线性形式的个体过度需求函数。Lux（1995，1997，1998）将交易者的类型分为：技术交易者、乐观交易者以及悲观交易者。在 Lux 的模型中，通过每种类型的概率分布，交易者的类型可随概率改变。当然，不断有新的交易者加入，同时当前的交易者也有可能从当期的市场退出。Horst（2005）研究了一个具有大量交互主体的金融市场模型，投资者对资产价格的演化过程的未来预期是异质的，投资者当前的预期是基于他们"邻居"的先前状态与"市场情绪"的随机信号。霍斯特分析了聚集行为与资产价格的渐进性，给出均衡价格分布收敛到唯一均衡点的充分条件，而且为扩散模型在分析金融价格波动过程中的应用提供了微观基础。Horst（2002，2005）的研究考虑了具有部分与整体相互作用的交互主体模型，他将交易者分为三种类型：基本面乐观交易者、基本面悲观交易者以及噪声交易者。

　　令 A 是活动主体的可数集，A_n 是一系列满足 $\lim_{n\to\infty}A_n = A$ 的有限集。在每个 $t \geq 0$ 的时期，每个基本面交易者都有他的情绪，比如，$x_t^a = +1$ 表示乐观交易者，$x_t^a = -1$ 表示悲观交易者。令 C 是个体状态的一个固定集合，比如，对每个 $a \in A$ 且 $t \geqslant 0$ 来说，$x_t^a \in C$，令 $x_t = \{x_t^a\}_{a \in A}$，Horst 定义的经验分布如下：

$$\rho_t = \rho(x_t) = \lim_{n \to \infty} \frac{1}{|A_n|} \sum_{a \in A_n} \delta_{x_t^a}(\cdot)$$

其中，$\rho(x_t)$ 表示 t 时刻的市场情绪，市场情绪以如下的形式驱动市场价格：

$$p_{t+1} = G(\rho_{t+1}, p_t)$$

其中，p_t 表示 t 时刻的市场价格，G 表示某个特定的函数。通过假设过度需求函数的一种简单的对数线性结构，Horst 得到了如下形式的递归对数价格形式：对每个 $t \geqslant 0$ 的时期，有：

$$\log p_{t+1} = f(\rho_{t+1}) \log p_t + g(\rho_{t+1})$$

每个 $a \in A$ 的个体的情绪进化如下：

$$\pi_a(x_{t+1}^a = s | x_t, e_{t+1}, h_t) = \pi(x_{t+1}^a = s | x_t^a, e_{t+1}, h_t)$$

其中，$s \in C$，而且 $e_{t+1} \sim Q(\rho(x_t); \cdot)$ 是市场情绪 $\rho(x_t)$ 的信号，且 h_t 是 t 时期显示的某些（外生的）经济基本面。因此，在 Horst 的模型中，交易者在模型的演化过程中可以改变他们的类型并在各个交易者之间交互。但是对价格 p_t 在个体状态的演化方面却没有反馈，也就是说，当前的市场价格对下一个时期的类型变化没有影响。

如前所述，主体类型的经验分布可以与单个主体层面的行为、总体水平的涌现法则以及某种金融资产的均衡价格联系起来。Wu（2005）对交互主体金融系统给出了系统性研究，通过基于主体的建模方法构建交互主体的金融反馈模型。

1. 交互主体的行为资产定价模型

自 20 世纪 80 年代末期到 90 年代初期，行为方法在金融市场中的应用得到了很大发展。有关资产价格对消息的过度波动与过度反应方面的文献表明，心理机制与有限理性行为可能为这些现象以及其他一些异象提供解释。同时，对真实交易者的交易策略与预期形成机制的研究证实了技术交易与适应性预期的重要性（Allen 和 Taylor，1990；Taylor 和 Allen，

1992）。20 世纪 80 年代早期的美元泡沫已被证实至少部分是因为正反馈交易（Frankel 和 Froot，1986），而且这种看法催生了使用技术分析预测者与基本面分析预测者群体的交互模型（Beja 和 Goldman，1980）。这些模型被看作是差分或微分方程的系统，包括资产定价以及一些表示投资者特点的状态变量。

一些相关的模型假设长期市场出清，另一些模型使用一种缓慢的价格调整机制来模拟存在过度需求场景下的市场行为。不同交易群体的过度需求要么采用随机函数来表示，要么从特定效用函数推导而来，交易者通常并不被视为完全理性的，因为在分析后续的价格波动时，他们并没有将自己的行为纳入考虑。

2. 技术分析与基本面分析的交互以及资产定价的非线性动力学

Beja 和 Goldman（1980）的开创性论文提供了一个有关技术——基本面分析交互模型的简单例子。他们将基本面分析与技术分析的过度需求假定为简单的特殊的函数形式。基本面分析者的过度需求取决于基本价值 P_f 与当前市场价格 P_t 之间的差异：

$$ED_f = a(P_f - P_t) \tag{4-1}$$

其中，a 是基本面分析者对潜在基本价值的价格偏离的敏感性的一个系数。假设市场价格的一个预期拟接近 P_t，伴随常数风险规避与常数预期波动，比如函数也可通过使用一个均值—方差框架或一个负的指数绝对风险偏好 CARA 效用函数得到短期效用最大化，而且预期价格波动呈现正态分布。

基本面分析者的过度需求的表示形式已较为规范，在早期研究者中可以找到（Baumol，1957），但技术分析者的过度需求形式则有更多的变化。Beja 和 Goldman（1980）采用了特殊的假设形式，他们的过度需求依赖预期价格变化 π（也就是说，预期资本收益或损失）：

$$ED_c = b\pi$$

其中，b 表示这组预期收益或损失的订单流的敏感性。在一个连续时间的框架内，π 是无穷小的价格变化 $\dfrac{dp}{dt}$ 的主观预期。Beja 和 Goldman

（1980）引入做市商机制（Market-maker Mechanism）证明萧条的瓦尔拉斯价格调整：

$$\frac{dP}{dt} = P'(t) = \lambda(ED_f + ED_c) = \lambda(a(P_f - P_t) + b\pi) \tag{4-2}$$

其中，λ 表示价格调整速度。虽然这只是一个从做市商优化问题的角度出发且没有微观动机的现象描述，但人们可能会注意到，在不对称信息条件下（Kyle，1985），这种现象描述与微观建立的价格调整规则非常类似。

考虑到两组投资者的交易策略，价格变化内生化源于需求与供给的总体不平衡，因为技术分析者的预期可能或不能得到证实。从预期价格与已实现价格之间变动的偏差来看，技术分析者被假定为自适应地调整他们的预期：

$$\frac{d\pi}{dt} = \pi'(t) = c(P'(t) - \pi) \tag{4-3}$$

其中，c 是一个刻画期望适应性速度的参数。

没有哪一组是以理性预期形式为特征，技术分析者假设是自适应反应的，因此，他们几乎不能正确地预测价格变化。基本面分析者忽略了技术分析者以及他们对价格变化的影响，因此，即使价格恢复到它的基本价值（并不能保证），逆向接近 P_f 的速度也可能不同于式（4-1）假设的调整系数。Beja 和 Goldman（1980）的投机活动模型可归结为两个微分方程构成的系统（式（4-2）与式（4-3））。这是一个典型的例子，大量文献表明可将投机市场动态形式化为差分或微分方程的系统。在大部分情况下，这些模型可表示为包括市场价格的动力学系统，加上一些随着时间推移，对资产价格变动的响应有所变化的群体特征。该主要结果方面的大量文献也具有典型的特点。对于这方面的兴趣以及许多后续的贡献主要是在非理性投机活动下的基本均衡的存在性与稳定性。很容易看到 P 与 π 的联合动力学的一个稳定状态存在的条件，$P'(t) = \pi'(t) = 0$ 导致一个动态均衡（$P^* = P_f$，$\pi^* = 0$）。因此，如果两个价格都等于它的基本价值以及技术分析者预计价格没有进一步变化时，能够得到唯一可能的稳定状态。在这种情况下，两组交易者的过度需求等于 0，而且价格保持不变。关于实现这种稳定状

态的稳定性或不稳定性的结果的要求稍高，为自治微分方程系统应用标准
的稳定性准则，Lux（2009）发现如果下面的必要充分条件满足，系统渐
进收敛于它的稳定状态。

aλ + c(1 − bλ) > 0

该条件满足如下合理的观点：

（1）基本面分析者（技术分析者）过度需求的高度敏感性是稳定的
（不稳定的）。

（2）或许增加的价格调整速度是不稳定的，或许并不依赖技术分析者
与基本面分析者的需求计划的相对敏感性。如果 a > (<)c·b，较高的价格
调整速度具有更大的稳定化（不稳定化）趋势。

（3）技术分析者的预期调整速度的影响是模糊的。如果 1 − bλ > 0，
该系统总是稳定的，独立于 c 值（因为 b < $\frac{1}{\lambda}$，做市商的价格调整会随着

时间的推移成功地减少技术分析者的过度需求）。相反，如果 b > $\frac{1}{\lambda}$，因

为明显的从众效应，价格调整会引起技术分析者更高的订单量。在这种适
应性的预期形式下，不断增加的调整速度会有一个不稳定的趋势。

二、柯曼的舆论形成与投机模型

早在 20 世纪 70 年代，在构建交互主体的随机经济系统模型方面就有
一些尝试性的研究（Föllmer，1974）；而对随机交互性更为系统化的研究
分析则始于 20 世纪 90 年代，在很大程度上其应用仅限于金融市场的交易
模型。经济学最初的研究文献 Kirman（1991，1993）涉及成对接触的羊群
模型，其舆论的传导机制，从原则上来说，可应用到经济学等很多领域，
可看成是交互技术分析投资者与基本面分析投资者之间交互模型的重要因
素，用来分析由于随机性而非确定性框架下产生的结果的差异。

Kirman 模型来源于对蚂蚁群体内信息传递的观察，如果在一群觅食蚂
蚁的巢穴附近放置两个相同的食物源头，大多数的蚂蚁能够及时地发现一

种食物来源，这种集中度通过信息素进行化学信息传递，成功的先锋蚂蚁吸引跟随者并引导它们到相同的食物源。两种路径中信息素更集中的那一种会使越来越多的蚂蚁利用相同的源头。然而，如果实验持续时间足够长的话，便能观察到偏好源头的随机选择，而且到平均时间以后，可以发现从一个食物源收集食物的蚂蚁数量呈现双峰分布。这种转换被认为是由部分信息素的蒸发引起的，蚂蚁的随机搜索并不能开发一个食物源，集中开发与随机搜集的结合通常被看作是进化最优觅食策略，它能实现无向搜索与已知资源开发之间成本与收益之间的平衡（Deneubourg 等，1990）。该例子可认为是自然优化方面最主要的例子，同时也可看作是人工智能方面"蚁群算法"的一个典型例子（Bonabeau 等，1999）。

Kirman（1993）构建了这种蚂蚁觅食招募过程的随机模型。回顾柯曼的实验过程，假设蚂蚁（主体）在它们的可支配方面（可以是食物来源、观点或者是技术分析投资与基本面投资中的一种）有两种选择，每个个体被假定为在任何时间点上都坚持两种策略中的一种。总共有 N 个主体，k 表示目前那些采用选项 1 的主体的数量。因此，一个被随机选择的主体属于群体 1（2）的概率分别是 $\frac{k}{N}$（$1-\frac{k}{N}$）。

系统状态通过招募与随机变化（随机搜索）的组合方式随时间改变：

（1）个体成对相遇并交换他们各自的策略或意见。任意的主体可能出来说服或者被其他更可取的选择所劝服。这以常数概率 $1-\delta$（δ 表示某人保持自己先前策略或观点的概率）发生。

（2）个体也能够在没有遇到其他人的情况下，以自治的方式（考虑到一些特殊的因素）改变他们的观点或策略，这个以概率 ε 发生随机变化。

在一个小的时间范围内（至多允许一对相遇），k 个类型选项 1 的个体经历如下变化：

$$k \rightarrow \begin{cases} k+1 & p_1 \\ k & 1-p_1-p_2 \\ k-1 & p_2 \end{cases} \tag{4-4}$$

其中，式（4-4）中的概率 p_1 与 p_2 通过简单的组合因素决定：

$$p_1 = \text{Prob}(k \to k+1) = \frac{N-k}{N}\left(\varepsilon + (1-\delta)\frac{k}{N-1}\right)$$

$$p_2 = \text{Prob}(k \to k-1) = \frac{k}{N}\left(\varepsilon + (1-\delta)\frac{N-k}{N-1}\right)$$

其中，$p_1 + p_2 \leq 1$，如果 N 大于 2 且 ε 足够小的话，式（4-4）始终是成立的。当然，k 以概率 $p_3 = 1 - p_1 - p_2$ 保持不变。

这个马尔科夫链与许多标准的瓮模型相关，特别是波利亚瓮模型（Polya's Urn Model）。但是，存在两种特殊的情况：

首先，$\varepsilon = \dfrac{1}{2}$ 且 $\delta = 1$ 时，两者之间没有交互，而且第一个主体以相等的概率随机地选择它的群体。这是具有均衡分布的埃伦费斯特瓮模型（Ehrenfest Urn Model），该分布是二项式 $\mu(k) = \lceil n/k \rceil 2^{-n}(k = 0, \cdots, n)$。

其次，$\varepsilon = \delta = 0$（在这种情况下，第一个主体总是确定性地移到第二群组）。该过程是一个在 $k = 0$ 或者 $k = N$ 处具有最终同化的鞍，而且 prob $[k = N$ 处的同化$|$初始状态 $= k_0] = k_0/N$。对一般情况下的分析可参考 Arthur 等（1986），比较有趣的是式（4-5）中定义的马尔科夫链的均衡分布 $\mu(k)$，$k = 0, 1, \cdots, N$。也就是说，需要了解在每个状态消耗的时间比例，由式（4-5）表示：

$$\mu(k) = \sum_{l=0}^{N} \mu(l) P(l, k) \tag{4-5}$$

此处，假设对称过程是可逆的，于是，

$$\mu(k) P(l, k) = \mu(l) P(l, k)$$

因此，有：

$$\mu(k) = \frac{(\mu(1)/\mu(0)) \cdots (\mu(k)/\mu(k-1))}{1 + \sum_{l=1}^{N} (\mu(1)/\mu(0)) \cdots (\mu(l)/\mu(l-1))}$$

其中，

$$\frac{\mu(k+1)}{\mu(k)} = \frac{P(k, k+1)}{P(k+1, k)} = \frac{(1-(k/N))(\varepsilon + (1-\delta)(k/(N-1))}{(k+1/N)(\varepsilon + (1-\delta))(1-(k/(N-1)))}$$

其中，$\mu(k)$ 的精确形式取决于 ε 与 δ 的相对值。

为了更精确地分析该过程随主体数量增加的演化方式，考虑当 N 变大，ε 变小时 μ 的渐进形式。特别地，为每个 N 选择 ε，使得 εN < (1 − δ)。在这种情况下，μ 在单位时间内可以通过一个连续函数 f(x) 逼近；此时，$x = \dfrac{k}{N} \in [0, 1]$。

因此，令 N → ∞，$\varepsilon = \dfrac{\alpha}{N}$，$\delta = \dfrac{2\alpha}{N}$。重新定义 $\mu = f\left(\dfrac{k}{N}\right)$，考虑 N → ∞，f(x) 的连续极限分布。因此得到（Föllmer，1974）：

命题 f(x) 是对称 β 分布的密度函数，即：

$$f(x) = const \cdot x^{\alpha-1}(1-x)^{\alpha-1}$$

证明可参考 Kirman（1993）。

因而产生的随机过程收敛到一个有限分布，对于大的 N 与小的 ε 来说，可以通过对称的 β 分布函数近似：

$$f(x) = const \cdot x^{\alpha-1}(1-x)^{\alpha-1}$$

其中，$x \equiv \dfrac{k}{N}$。形状参数 $\alpha \equiv \dfrac{\varepsilon(N-1)}{1-\delta}$ 取决于自治部分 ε 的相对强度，招募概率是 1 − δ。均衡分布可能有一个单峰或双峰分布；对于 $\varepsilon > \dfrac{1-\delta}{N-1}$ 而言，分布将是具有一个概率集中在均值 $\dfrac{k}{2}$ 附近的单峰。如果羊群倾向增加，群体动力学在 $\varepsilon = \dfrac{1-\delta}{N-1}$ 处会经历一个"相变"过程，均衡分布从单峰变成双峰。

金融市场本身是一个复杂巨系统，投资者之间相互作用，而结合投资者的特征建模有利于综合考虑影响投资者决策的各项因素。

第三节　投资者异质模型

资本市场投资者的行为各异，资源禀赋差异大，投资者获取信息的能力与接收信息并发出反馈信号的时间也相差较大，投资者所处的投资环境复杂多变。在信息大爆炸时代，投资者如何合理地利用自身的特点，规避风险，使收益达到最优，投资效益最大化，已成为每个投资者的追求。

相对发达国家而言，中国股市的发展历史相对较短，可进一步发展提升的空间巨大。具体到 A 股市场，行为分析能及时揭示并有效地分析政策制定者与产业资本的行为及其目的，代表 A 股利益链生态的最高思想。从某种意义上说，A 股市场环境是利益博弈格局下以行为分析为导向的结果。只有正确掌握投资行为分析的方法与真谛，才有可能真正掌握 A 股市场的运作规律。

一、股市行为分析

行为分析比价值分析更注重市场变动。行为分析不仅需要听其言，还需强调观其行。在成熟、诚信、法治的海外市场，仅仅听其言就可分析市场，因而必须对"言"负责，所以研究报告、财务情况是绝对具有指导意义的，价值分析是有效的研究方法。但在中国 A 股市场，必须更强调观其"行"。行为分析在听其"言"的基础上，通过对主力的仓位监控、情绪监控以及利益博弈等方面的观察，最终在其"行"的实质操作中进行评判。行为分析可结合价值分析的有效原理，并考虑 A 股市场的现实情况。

行为分析比技术分析更强调客观价值。行为分析的核心就是关注投资者的利益格局分析。成熟的海外市场，产业资本（大股东）利益与二级市场投资利益挂钩，二级市场投资者能从上市公司中获得分红回报。目前，中国市场的产业资本却只对"圈钱"负责，对市场的负责程度远远不够，发出利好的目的往往是为了圈钱，普通投资者丝毫不能从中获利，或获利非常少。行为分析可在参考历史走势图对后市走势作用的基础上，融入主力庄家核心利益的博弈，比单纯的技术分析对 A 股市场更加有效。

在 A 股市场，技术分析与价值分析的投资方法，只有从行为分析的角度出发，才能更真实地认清产业资本与普通投资者的真实动因与各种影响因素。

（1）行为分析能有效地解读政策，从政策高度把握市场格局。A 股市场往往被看成是政策市场，通过行为分析的"主线热度变化图"能够清晰地看出该政策所代表的含义以及该政策出台后格局的必然走势，进而发现其对股市所产生的影响，从而更好地把握 A 股市场。

（2）行为分析可以打破信息不对称，把握买卖的时机。信息不对称，让普通投资者错失最佳的买、卖机会，而行为分析的"长期综合情绪指标"可以帮助投资者把握合适的逃顶与抄底的机会。"长期综合情绪指标"是集成了市场多个投资主体的情绪与交易数据而形成的，因为产业资本投资者的言论与操作都将表现在情绪上，所以当他们的情绪发生变化时，该指标可以及时捕捉相关信息，从而普通投资者可获得与他们同步买卖的机会。

图 4-9 是 Wind 资讯提供的 2017 年 7 月至 2018 年 7 月间封闭式基金折价率变化图，封闭式基金折价是目前应用得最多的投资者情绪代理变

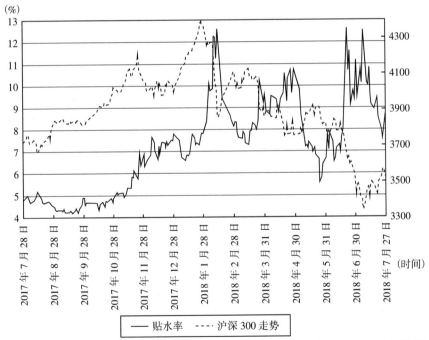

图 4-9 封闭式基金折价率变化图（2017 年 7 月 28 日至 2018 年 7 月 27 日交易数据）
资料来源：Wind。

量，一般来说，折价率上升（或下降），意味着市场情绪相对低落（或高涨）。

（3）行为分析可减少甚至消灭内幕交易与股价操纵。庄家通过操纵消息、报表来实现自身利益。目前，国内的万隆行为分析从利益格局分析与利益逻辑分析入手，直接切入主力的核心利益，从主力核心利益的角度分析研究在什么情况下才能达到主力利益最大化，因此，在报表失真、消息被操纵的 A 股市场中，行为分析更能把握机会与规避风险。

图 4-10 是 Wind 资讯提供的 2018 年 4 月 27 日至 7 月 27 日期间全市场研究员情绪及市场估值变化情况。

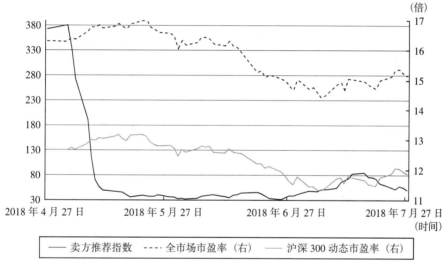

图 4-10 全市场研究员情绪及市场估值（2018 年 4 月 27 日至 7 月 27 日交易数据）
资料来源：Wind。

2018 年 2 月 2 日到 7 月 20 日期间题材股的投资者热情变化情况如图 4-11 所示。

以上分析表明，行为分析在实务部门已有大量的研究应用，结合学术研究，投资者行为分析将成为指导投资者投资决策的很有意义的方法。

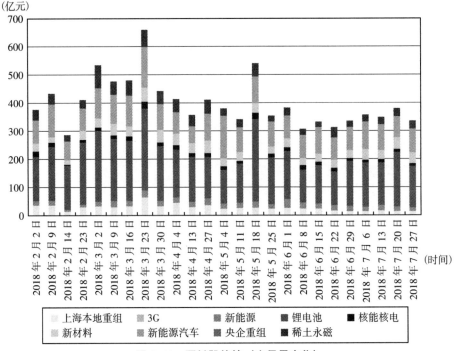

图4-11 题材股热情（交易量变化）

资料来源：Wind。

二、具有异质信念的资产定价模型

本节结合有关预期的进化选择讨论具有异质信念的资产定价模型，该模型框架与圣菲研究所开发的人工股票市场（Arthur等，1997）非常类似，但进行了简化，该部分的模型设计借鉴了Hommes和Wagener（2009）。

主体既可以选择风险资产，也可选择无风险资产进行投资。无风险资产以完全弹性的方式供给并支付固定回报率r；风险资产支付不确定的股息。令p_t为风险资产在时刻t处每股的价格，y_t为风险资产的随机股息过程。财富动力学可以表示如下：

$$W_{t+1} = RW_t + (p_{t+1} + y_{t+1} - Rp_t)z_t$$

其中，R = 1 + r，是总的无风险回报率，z_t 表示在时刻 t 购买的风险资产的股份数量。令 E_{ht} 与 V_{ht} 表示交易者类型 h 关于条件预期与条件方差的"信念"或预测。

主体通常被假定为短视的平均方差最大化者，因此，交易者类型 h 对风险资产的需求 z_{ht} 可解：

$$Max_{z_t}\left\{ E_{ht}\left[W_{t+1} \right] - \frac{a}{2}V_{ht}\left[W_{t+1} \right] \right\}$$

其中，a 是风险规避参数。交易者类型 h 对风险资产的需求 z_{ht} 的表示形式如下：

$$z_{ht} = \frac{E_{ht}\left[p_{t+1} + y_{t+1} - Rp_t \right]}{aV_{ht}\left[p_{t+1} + y_{t+1} - Rp_t \right]} = \frac{E_{ht}\left[p_{t+1} + y_{t+1} - Rp_t \right]}{a\sigma^2}$$

其中，条件方差 $V_{ht} = \sigma^2$ 被假定为常数，对所有的交易类型都是相同的[①]。令 z^s 表示每位投资者风险股外的供给，同样也被假定是常数，而且 n_{ht} 表示 t 时刻类型 h 的部分。供给与需求的均衡满足：

$$\sum_{h=1}^{H} n_{ht} \frac{E_{ht}\left[p_{t+1} + y_{t+1} - Rp_t \right]}{a\sigma^2} = z^s$$

其中，H 表示不同交易者类型的数量。

次日价格与股息的预测 $E_{ht}\left[p_{t+1} + y_{t+1} \right]$ 可以在市场表现均衡价格 p_t 之前得出，从而取决于过去价格与股息的一个公开可用的信息集 $I_{t-1} = \{ p_{t-1}, p_{t-2}, \cdots; y_{t-1}, y_{t-2}, \cdots \}$。从均衡价格的异质市场出清方程得出：

$$Rp_t = \sum_{h=1}^{H} n_{ht} E_{ht}\left[p_{t+1} + y_{t+1} \right] - a\sigma^2 z^s \tag{4-6}$$

其中，数量 $a\sigma^2 z^s$ 可能被解释为交易者持有风险资产的风险溢价。

三、异质性投资行为模型

投资者的异质性分析被纳入资产定价模型中，在此，我们着重分析同

[①] Gaunersdorfer（2000）研究了方差随时间变化的信念情况，与资产价格动力学的表示非常相似。Chiarella 和 He（2002，2003）研究了具有异质风险厌恶相关系数的模型。

质性投资者模型如何转变成异质性投资者模型。与有效市场假说不同，在基于主体的一体化模型中，对主体的行为假定往往是非理性的、异质性的，主体并不具有完全理性或者完全与决策行为一致，大部分投资者并不完全掌握市场信息，限于个人能力，不能很好地解释市场信息。在此我们引入理性主体的基本标准，以便更好地分析异质性投资主体的投资决策。

当所有主体相同且预期同质时，均衡定价公式（4-6）可以简化为：

$$Rp_t = E_t[p_{t+1} + y_{t+1}] - a\sigma^2 z^s$$

其中，E_t 是 t 阶段开始时常见的条件期望。显然，假定横截性条件 $\lim_{t\to\infty}(E_t[p_{t+1}])/R^k = 0$ 成立，风险资产的价格由未来预期股息减去风险溢价的贴现总和给出。

$$p_t^* = \sum_{k=1}^{\infty} \frac{E_t[y_{t+k}] - a\sigma^2 z^s}{R^k} \tag{4-7}$$

其中，p_t^* 为基本理性预期价格，简称"基本价格"。它完全由经济基本面决定，这里由随机股息过程 y_t 给出。可假设 y_t 是服从 IID 的随机股息过程。Brock 和 Hommes（1997）也讨论了非平稳的例子，其股息过程服从几何随机游走假设。考虑一个 IID 的随机股息过程 y_t 具有常数均值 $E[y_t] = \bar{y}$ 的特殊情况，其基本价格也是常数：

$$p^* = \sum_{k=1}^{\infty} \frac{\bar{y} - a\sigma^2 z^s}{R^k} = \frac{\bar{y} - a\sigma^2 z^s}{r}$$

回想一下，除式（4-7）中的理性预期基本解之外，形式为 $p_t = p_t^* + (1+r)^t(p_0 - p_0^*)$ 的理性泡沫解也满足定价等式（4-6）。分析这些泡沫解，交易者具有理性预期（完全预期），但是他们被横截性条件所排除。在一个完全理性的世界里，交易者意识到这种泡沫不可能永远存在。因此，所有的交易者相信风险资产的价格总是等于它的基本价格。资产价格的变动仅仅受股息的意外变动以及经济基本面的随机"新闻"的影响。在异质世界里，情况则完全不同。

1. 异质信念

偏离基本价格的分析也是非常方便的，令：

$$x_t = p_t - p_t^*$$

关于交易者类型 h 的信念，我们给出如下假设：

（1）对于所有的 h，t，$V_{ht}[p_{t+1} + y_{t+1} - Rp_t] = V_t[p_{t+1} + y_{t+1} - Rp_t] = \sigma^2$；

（2）对于所有的 h，t，$E_{ht}[y_{t+1}] = E_h[y_{t+1}] = \bar{y}$；

（3）对于所有的 h，t，所有的信念 $E_{ht}[p_{t+1}]$ 的形式如下：

$$E_{ht}[p_{t+1}] = E_t[p_{t+1}^*] + E_{ht}[x_{t+1}] = p^* + f_h(x_{t-1}, \cdots, x_{t-L}) \qquad (4-8)$$

通过条件（1），条件方差的信念对所有类型而言都相等且保持常数。条件（2）表明所有类型对由条件期望给出的未来股息 y_{t+1} 有正确预期，$\bar{y}$ 是 IID 股息的情况。条件（3）表明未来价格的信念由两部分组成：对于基本价值加上一个异质部分 f_{ht} 具有共同信念①；通过类型 h 认为价格将偏离基本价格，每个预测规则 f_h 表示一种市场模型（也可以称为技术交易规则）。

有关交易者信念的假设条件（1）~ 假设条件（3）的一个重要且方便的结果是异质主体市场均衡方程式（4-6）可以重新定义为偏离基准价格。特别地，在市场均衡方程式（4-6）中代入价格预测项式（4-8），并利用 $Rp_t^* = E_t[p_{t+1}^* + y_{t+1}] - a\sigma^2 z^s$ 满足均衡方程偏离基本价格：

$$Rx_t = \sum_{h=1}^{H} n_{ht} E_{ht}[x_{t+1}] \equiv \sum_{h=1}^{H} n_{ht} f_{ht} \qquad (4-9)$$

其中，$f_{ht} = f_h(x_{t-1}, \cdots, x_{t-L})$，注意，基准价格是嵌套在这种通用设置中的一种特殊情况，所有的预测策略 $f_h \equiv 0$。因此，当资产价格显著偏离某些基准价格时，适应信念系统可以用来作为经验与实验检测。

2. 演化动力学

该模型的演化部分描述了信念是如何随时间更新的，也就是交易者类型的比例 n_{ht} 是如何随时间变化的。这些比例根据进化健康指标或性能指标更新，所有交易策略的健康指标测度可公开获得，但服从噪声的健康指标从一个随机效用模型中得出：

---

① 该假设条件是所有类型知道基本价格是非一般性的，因为任何没有利用基本价格的预测规则可以重新参数化或为了在数学上的方便可以重新定义与基本价格 p^* 的差异。

$$\widetilde{U}_{ht} = U_{ht} + \varepsilon_{iht}$$

其中，U_{ht} 是健康指标的确定部分，ε_{iht} 表示单个主体感知策略 h = 1，…，H 的健康指标时单个主体的 IID 误差。

为了得到概率分布的表达式，噪声项 ε_{iht} 被认为是一个双指数分布。随着主体的数量趋向无穷大时，主体选取策略 h 的概率可以由多元对数模型（或吉布斯概率"Gibbs Probability"）给出。

$$n_{ht} = \frac{e^{\beta U_{h,t-1}}}{\sum_{h=1}^{H} e^{\beta U_{h,t-1}}} \tag{4-10}$$

其中，$\sum n_{ht} = 1$。

式（4-10）的一个关键特征是，交易策略 h 的健康指标越大，选择策略 h 的交易者就会越多。因此，式（4-10）代表了强化学习的一种形式：主体倾向于过去（近来）表现良好的策略；式（4-10）中的参数 β 被称为选择强度，它衡量了大众交易者选择最优预测策略的灵敏度。选择强度 β 与噪声项 ε_{iht} 的方差逆相关。极端情况 β = 0 与无穷方差的噪声对应，因此不能观察出这种健康指标的差异，而且所有的比例式（4-10）随着时间将是固定的，且等于 1/H。

其他极端情形 β = ∞ 与没有噪声的情况对应，因此，健康指标的确定项可以被完全观察，而且在每个阶段，所有的交易者都会选择最优预测策略。强度 β 的增加表示关于交易策略的进化选择中理性程度的增加。市场均衡方程式（4-6）或者式（4-9）与策略的进化选择方程式（4-10）之间的时间耦合是重要的。式（4-6）中的市场均衡价格 p_t 取决于比例 n_{ht}。式（4-10）强调了这些比例 n_{ht} 取决于大多数最近观察到的过去的健康指标 $U_{h,t-1}$，反过来，它也取决于过去的价格 p_{t-1} 与过去 t-1 阶段的股息 y_{t-1}。在均衡价格 p_t 已被市场揭示以后，n_{ht} 可以表示信念的演化更新并确定新的比例 $n_{h,t-1}$。然后，这些新的比例可以确定一个新的均衡价格 p_{t+1}。在一个适应信念系统中，市场均衡价格与不同的交易策略的比例随时间共同进化。

进化健康指标的一个自然选择是实现利润（一个加权平均），由以下公式给出：

$$U_{ht} = (p_t + y_t - Rp_{t-1}) \frac{E_{h,t-1}[p_t + y_t - Rp_{t-1}]}{a\sigma^2} + wU_{h,t-1}$$

其中，$0 \leq w \leq 1$ 是一个内存参数，它可以用来衡量过去实现健康指标为策略选择的贴现速度。

健康指标可以重新写成偏离基本价格的形式：

$$U_{ht} = (x_t - Rx_{t-1} + a\sigma^2z^s + \delta_t)(\frac{f_{h,t-1} - Rx_{t-1} + a\sigma^2z^s}{a\sigma^2}) + wU_{h,t-1}$$

其中，$\delta_t \equiv p_t^* + y_t - E_{t-1}[p_t^* + y_t]$ 是一个鞅差序列。

投资者往往都是异质的，对市场信息以及上市发展状况的反应差异很大。影响投资者投资决策的外部因素不同，加上自身知识结构、能力以及所处环境的差异，导致投资者的决策行为差异巨大。

如何在模型中更好地体现投资者对外界因素变化的响应程度？如何分析政策出台对投资者投资策略的影响？如何判断异质投资者对市场基本面的分析与反应能力？机构投资者与个人投资者的资产规模不同，其资产约束的程度不一，可采取的投资策略也不尽相同，接收信息的能力与认知层次差异较大，因而做出投资策略的反应时间不一，从而可探讨各种外部因素对投资者的影响以及分析投资者自身的禀赋因素对投资的影响等。

对投资者的异质性投资行为进行分类，利用基于主体的建模方法，试图找出投资者微观个体行为的差异性是如何引起资本市场宏观现象涌现的，投资者对外界环境的变化及相关市场事件的变化会产生哪些反应等。利用计算实验方法可深入认识投资者的差异性，将计算模型更好地应用于实践分析。

第四节 资本市场上投资者的心理与行为

投资者一般具有规避风险、获取利润的心理，而在不同市场行情下，投资者的心理变化如何，投资者对股市的心理预期以及其在投资决策过程中所表现出来的非理性行为。因此如何通过实际的股市交易数据对其进行深入分析非常必要。

一、"牛市"与"熊市"中的投资者心理

当市场基本面持续向好与投资者群体行为积极向好时，可能会出现持续的"牛市"。1975年1月至1982年8月出现了由群体行为控制的"牛市"失控的经典例子（Vaga，1990）。当现金储备非常高时，通常会发生协同市场。资金的供给是维持协同状态或股价上涨的必要条件。在一致"牛市"中，维持过度的现金储备可能会表现欠佳。在一个协同市场结束之后，一种混沌状态或随机游走状态便会开始。

长期"熊市"是长期"牛市"的镜像。产生长期"熊市"的基本条件是投资者群体具有强烈的悲观情绪，而这种悲观情绪淹没了市场基本面情况。"熊市"出现时，投资者的投资情绪往往偏低，整个市场行情处于低迷阶段，风险规避型投资者会想方设法套现，风险中立型投资者则对股市未来整体行情不看好，而风险偏好型投资者认为"熊市"的持续时间不会太长，伺机等待下一轮牛市的出现。

同一投资者在市场行情处于"牛市"与"熊市"时的表现迥异，在市场行情发生较大波动时，可借助蓝筹股的市场换手率、市盈率等参数来反向衡量投资者的心理变化。不同的投资者对股市风险与不确定性所持有的态度往往相差很大，投资者对风险与收益往往会表现出反应过度与反应不足两种效应，研究结果表明，在"牛市"与"熊市"两个不同时期内，市场心理存在巨大差异（林树，2006）。赢者组合在"牛市"中通常表现为反应不足，而无法解释这种现象的产生，在"熊市"中表现出反应过度，可以由代表性启发心理解释；而输者组合在"牛市"中往往会反应过度，可能是因为过度自信导致的，在"熊市"中表现为反应不足，可能是由于保守主义造成的。

衡量市场风险程度一般用 β 系数，它是一种风险指数，用来度量某类

资产价格的变动受市场上所有资产价格平均变动影响程度的指标，或用来衡量个别股票或股票基金相对于整个股市的价格波动情况。β值所反映的是某一投资对象相对于大盘的表现情况，其绝对值越大，表示其收益变化幅度相对于大盘变化幅度就越大；其绝对值越小，表示其收益变化幅度相对于大盘就越小。如果β小于0，则表示其变化的方向与大盘的变化方向相反；即大盘涨它跌，大盘跌则它涨。β系数起源于资本资产定价模型（Capital Asset Pricing Model，CAPM），可以对特定资产（或者资产组合）的系统风险进行度量。系统风险是指资产受宏观经济、市场情绪等整体性因素影响而发生的价格波动，也就是说，股票与大盘之间具有联动性，系统风险越高，联动性越强。投资者不仅关心系统风险，也关注个别风险，个别风险指的是上市公司因自身因素所导致的价格波动。

投资者在"牛市"与"熊市"的心理变化差异明显，但最终都是让投资者自身的利益最大化、风险最小化。我国股市由于做空机制的缺失，导致股市呈现"单边市"的特征，即投资者买涨不买跌，在"牛市"中的买涨行为导致牛市更"牛"，呈现股市泡沫；而在"熊市"中，因为没有卖空机制，投资者为了减少风险，往往会造成恐慌性抛售，从而使得"熊市"更"熊"，股市进一步陷入萧条。近来，我国已推出做空机制，特别是2013年推出转融券试点以来，我国股市的做空机制起到了积极的作用，做空机制的有效建立和作用发挥是以市场预期机制的形成和有效发挥作用为前提的。做空机制有利于投资者主动规避风险，促进市场流通，从而有助于维持我国股票市场的平稳运行，降低市场风险。

二、投资者的预期心理

预期理论最早来自凯恩斯的《货币改革论》（1923）和《就业、利息和货币通论》（1930），预期在证券市场中的作用非常明显。在一定程度上，股市行情可以看作是投资者对未来市场信心做出的一种反应。预期指的是投资者在当时各种因素影响下的心理变化过程，是对未来一段时期的期望。交易者的预期对股市的影响非常重要，影响股价P的因素可分为随机性的与确定性的，比如随机部分的影响因素往往会通过预期反映到价格上。一般可交易证券的价格由两部分组成：确定性部分 P_d 与随机性部分 P_s，即 $P = P_d + P_s$。影响 P_d 的因素有成长性、时间价值等；而影响 P_s 的因素主要是交易者预期、政策信号、市场状况以及交易策略等，其中最重要的就是交易者的预期，诸多影响 P_s 的因素都会通过预期反映到价格的变化上。

投资者的预期心理会随着 P_d 与 P_s 的变化发生相应的改变，按投资者所交易的股票产品的利好与利坏两种情况分类，投资者的预期有正预期与负预期两种；当 P_d 的影响因素对投资者有利时，投资者处于正预期状态；相反，则处于负预期状态。另外，按投资者对某些特定股票的时间偏好可分为长期预期与短期预期；投资者在某一时间段内对所持的股票可能给予正预期，而当市场消息等对所持股票利坏时，可能会给予该股票短期内的负预期，反之亦然。

第五节 资本市场中的信息不对称

信息在 21 世纪得到了前所未有的发展与传播，人们生活在充满各种信息与资讯的时代，如何利用身边的资源，合理地调配信息、利用信息，从而更好地实现筹资融资、提高个人投资效益已成为现代人关注的热点，信息经济的发展无疑为资本市场的发展与完善提供了良好的契机与挑战。

资本市场中的信息不对称一直是研究者、业界实践者以及政府监管部门关注的热点问题，信息不对称的存在使个人或企业需要花费巨大的代价才能准确了解当前的经济形势，而这种信息成本无疑会阻碍资本的合理配置。

一、信息不对称产生的原因与影响

根据瓦尔拉斯模型的假设条件，投资者只需要在已知的价格信息下，根据个人的预算约束，以最大化个人效用为目的来决定买卖的数量，而不需了解其他投资者的信息或偏好。在当今信息充斥、扩散的投资环境下，经济体充满了不确定性，风险无处不在，投资者最关心的是股票价格，价格承担了沟通与传递信息的作用；投资者根据价格的变动重新估计其投资预期，从而影响价格走势，市场在瓦尔拉斯模型的框架下不能出清。这也表明，在新古典竞争性均衡条件下无法处理信息扩散的问题。因为投资者所获取的信息不对称，他们往往会通过市场上的公开指标推测分析信息，投机、交易以及价格泡沫的产生可以归咎为信息的差异与不对称。

信息不对称产生的原因多样，随着信息经济学的发展，信息在社会经济中的地位越来越重要，具体到资本市场，信息的表现形式多样、信息的传递途径与作用方式也有多种。在资本市场中，占有信息者便能抢先拥有市场，但是能对信息做出及时反馈并采取相应措施的投资者往往会因为对信息的理解不当而导致资产损失，探索资本市场信息不对称产生的原因可为分析投资者的复杂行为提供一些可循的参考建议。

1. 委托—代理关系产生信息不对称

现代企业制度的特征是经营权与所有权分离，企业经营者与所有者之间以委托—代理关系存在。一方面，企业所有者受资源、技术以及经验等因素的约束，不能完全了解企业的全部信息，在信息不对称中处于绝对劣势，因而无法准确知道企业经营管理人员及其经营行为是否存在信息披露不完全的情况。另一方面，因为企业经营管理者与投资者之间存在信息不对称，与投资者相比，企业经营管理者能够更多地了解企业的发展现状与发展契机，特别是经营管理者对企业的真实价值非常了解，如企业的发展项目、投资项目等的收益与风险的内部信息。企业为了保证正常的运营与融资的需要，这部分信息相对保密，投资者对此则不了解，因而投资者只能通过企业股票的价格波动以及企业披露的外部信息来间接地评估企业的市场价值。

2. 上市公司产生的信息不对称

上市公司往往会为了自身利益，有选择性地披露公司的信息。首先，上市公司通常会利用我国证券市场监管漏洞，在目前相关监督措施不完善的情况下，瞒报或漏报不良信息，而重点突出对公司股价有利的信息，从而赚取生产利润，更有甚者，会利用其内部信息优势，牟取股票差价收益。比如，上市公司可能在股票市场的股票发行与配股融资中制定较高的发行与配股价格，以便筹集更多的资金，可能会不惜采取各种手段，利用信息优势实现融资目的。其次，关联及内幕交易产生信息不对称，主要表现在：第一，通过股利政策迷惑投资者。在股票市场上，投资者不能完全获知所投资公司的信息，对公司经营的现状并不十分了解。因此，对投资者而言，能够反映公司业绩的股利分配政策就显得尤为重要。但是，许多上市公司的经营管理者通常会利用股利分配政策来影响股价，于是很多投资者往往会被高比例的配送所迷惑，信息知情者可能会有丰厚的回报，而信息不知情者的损失则会比较惨重。第二，资金投向的信息不对称。上市公司的资金投向往往会被大股东控制，以上市公司的发展规划为幌子，从而实现大股东圈钱的真实目的，实际上这是一种在特殊的支配条件下，大股东与上市公司进行的信息不对称的关联交易。第三，资产置换中的信息不对称。因为价值评估缺乏相应的政府体系及操作规范，在相应的并购政策并不完善以及财务通报尚不透明的情况下，地方政府部门与国有资产管理等相关部门的不当干预，使资产转让往往通过不等价交换来获得高额利润。

3. 获取信息的成本导致信息不对称

一般而言，信息披露的成本导致上市公司不愿意披露信息是信息不对称的原因之一。理性的上市公司选择披露的信息时往往会评估所披露信息的收益与成本，他们通常只会选择与边际披露收益相等的信息边际披露水平，而这种信息披露的程度根本不能满足投资者对公司进行投资决策的需要。另外，昂贵的信息搜索成本与投资者的有限理性之间也会产生信息不对称，信息往往是股票投资过程中获取收益的重要来源。信息的重要性与收益性使信息源难以被大众投资者获取，因而搜索信息获取收益是证券经营机构存在的根本前提。然而，现代信息技术发展日新月异，投资者获取信息的渠道之广、手段之高也让上市公司对信息的披露有所顾忌，但巨大的信息量要求投资者具有甄别信息差异的能力，而投资者个人的学识、能力以及时间投入良莠不齐，在众多的信息中也很难提炼出对投资有实际价值的资讯。因此，投资者的有限理性行为也是资本市场中信息不对称的重要原因之一。

对信息不对称产生的原因有了深入的认识以后，分析信息不对称对投资的影响也非常重要。信息不对称导致投资行为的不对称，投资者的行为往往受投资者所获知的信息的影响，其采取的投资决策也相差很大。因为投资者的认知层次以及情绪因素的差异性，其对信息的反应能力与处理能力各异，从而导致投资的效应不同。

在市场经济环境下，信息不对称往往会导致两种结果，一种是"逆向选择"；另一种是"道德风险"。对我国证券市场的影响主要有两类：其一，信息不对称导致股市泡沫，信息完全披露的有效市场是根本不存在的。事实上，证券投资的机构投资者与个人投资者只能从上市公司的财务报表与我国证监会相关监管部门获得一定的信息，这就导致了上市公司与证券机构及投资者之间存在较大的信息不对称，这些信息不对称不可避免地反映在股票价格中，因而股价信息中总是包含了"噪声"与"泡沫"，当"泡沫"变得不可"见"或大到一定程度时，股票价格会与上市公司的业绩发生严重脱离，投资者往往会忽视上市公司的整体业绩，而简单地关注股价的波动，对信息的关注减弱甚至是忽视，更多地追求投机性回报。高鸿桢与林嘉永（2005）采用经济学实验研究方法构建了信息不对称的实验室资本市场。研究表明，在信息不对称的条件下，资本市场不是有效的；市场对信息的传递以及价格反应需要一定的条件与时间；资本市场中的投资者并不是完全理性的，认知层次与行为有偏差的个人投资者，存在过度自信与过度交易的情形；进一步推导出信息不对称可能引起市场操纵行为，可能导致价格泡沫。其二，信息不对称要求证券市场及时公开上市公司的财务报告、股利政策等。由于信息不对称的存在，证券市场中存在很多虚假信息，比如虚假的财务报告、不透明的股利政策与非公开的内部信息，套利者往往通过牟取信息优势来操纵股票市场，赚取超额利润等。因为信息不对称的存在，一部分投资套利者能够轻松地获取暴利。为了避免或降低信息不对称对广大投资者带来的损失，我国应该不断完善各种监管措施以监督上市公司，比如通过实施信息披露制度，改善公司治理机制，借鉴证券信用评级制度等市场手段，最大限度地提高市场透明度，提高资本市场的运作效率。

二、不对称投资行为的复杂本质

在不同主体、不同情景以及不同时段等情况下，不对称行为具有不同的表现形式。信息不对称是指在市场经济活动中，各类人员对有关信息的了解存在差异，掌握信息比较充分的往往处于比较有利的地位，而掌握信息贫乏的则处于相对不利的地位，对信息的理解与利用程度的差异也非常大。市场中卖方比买方更了解有关商品的各种信息，掌握更多信息的一方则可以通过向信息贫乏的一方传递可靠信息而在市场中获益，买卖双方中拥有信息较少的一方会努力从另一方获取信息。市场信号表明在一定程度上可以弥补信息不对称导致的损失；信息不对称是市场经济的弊病，要想减少信息不对称对经济产生的危害，必须了解导致信息不对称的原因，政府应在市场体系中发挥强有力的作用。

信息不对称导致投资者投资决策行为表现各异，投资者所处的环境与所获取信息的能力差异较大，吸收信息并对信息做出反馈的时间各异，从而导致投资者的信息不对称，进而使投资行为不对称。投资者对新信息反应不足的一个原因是公众投资行为的异质性，并不是每个投资者都有平等的机会获取信息。相反，信息在公共领域逐渐扩散，而投资者是否能够成功地从当前价格中挖掘有价值信息的能力受到质疑（Hong 和 Stein，1999）。在股票市场的环境里，投资者对新信息的反应往往是不对称的，而且与所属行业相关。他们对过去绩优股的坏消息反应较大，而对过去下跌股的坏消息的反应则相对较小。

不对称信息在金融市场的应用非常广泛，Stiglitz 和 Weiss（1992）研究了信贷市场上的不对称信息以及它对宏观经济的影响。La Porta 等（1997）论证了价值股的好消息。所谓价值股是因投资者预期错误所致，他们通过研究五年内绩优股的盈利水平证明基于风险的回报差异解释不一致。除了个别股票，通过行为金融分析行业表现时，判断偏差的现象也是明显的。当将单个行业的股票与不同行业与市场的个股相比较时，对与新的不断变化的行业相关的信息的过度反应可以解释动量投资策略具备更高的盈利能力（Moskowitz 和 Grinblatt，1999）。

这种不对称性被认为在解释价值异象的行为方面非常重要（De Bondt 和 Thaler，1985；Lakonishok 等，1994；Griffin 和 Lemmon，2002；Antoniou 等，2005）。由于投资者对负面消息往往有较大的反应，绩优股相对于下跌股或价值股而言更不稳定，而这与风险和预期收益之间的理性关系相矛盾。由于投资者在面对不确定的结果时往往难以正确把握，市场上常常出现如下交易模式：对发布"难看"财务报表的绩优股反应过度，对发布"强劲"财务报表的价值反应不足（Barberis 等，1998）。投资者难以及时更新对所关注股票的认知和信念，也没能及时捕捉使亏损公司扭亏为盈的信号，这促使人们设计一些行为投资策略，如动量投资（Momentum）和逆向投资（Contrarian）来实现高于平均的收益。

行为分析者也强调不同的交易态度与市场内的信息流动也能够引起非理性行为。关于这一假说的进一步的论证由 Hong 和 Stein（1999）给出。根据他们的研究，对股票价格的反应过度与反应不足可以用信息观察员与动量交易者[1]的交易态度以及这两种投资群体之间不同的信息流动来解释。如果信息在主体间逐渐扩散的话，那么价格对新的信息的调整速度将会减慢，从而导致反应不足。随着信息的蔓延，信息观察员与动量交易者进入市场，这种反应不足随之而来的是反应过度（Easley 等，2010）。这种在不同投资者群体之间的信息流动与不断扩散是非常重要的，因为缓慢的信息流可以导致短期收益相关性，并引起随后长期的强大逆转，该条件显然违背了市场有效性。

行为金融学关于反应过度现象的另一种假说是分析师对某些股票报道的影响。没有任何报道的小型股不会表现出强烈的反应过渡效果，因为它们通常得不到分析师的推荐。另外，对于具有较低分析师报道的小规模股

---

[1] 信息观察员分析股市基本面，而动量交易者主要依赖于从价格波动中提取的信息。

票而言，逐步扩散的信息流将会导致这些股票表现出最强烈的反转效应①。

对任意给定的金融市场，假设有 n 个投资者主体，m 种产品形式和 k 种信息源，可用实验方法测定行为特征参数以表现主体 i 的差异性，记为 $\lambda_i \in W$，其中，$W = \{w_i\}$ 表示主体的行为特征集，s_b 表示理性集合，包括自利理性、有限理性、理性偏离以及各种可能的行为反应模式等多种行为属性。记 i 的投资收益或效用函数为 $u_i = U_i(x_1, x_2, \cdots, x_n; \lambda_i)$，$x_i = (x_{i1}, x_{i2}, \cdots, x_{im})$，是一个 m 维的产品组合向量，$b_i = (b_{i1}, b_{i2}, \cdots, b_{ik})$，是一个投资者具备的 k 维信息集；就投资行为而言，可用 x_{ij} 表示投资者 i 关于产品 j 的投资数量，X_j 和 c_j 分别表示市场上产品 j 的总量和运营成本，C_j 为投资者 j 可融通的资本数量，I_k 为投资者具备的信息集，则

$$\text{Max} u_i = U_i(x_1, x_2, \cdots, x_n; \lambda_i)$$

$$\text{s.t.} \quad \sum_{i=1}^{n} X_{ij} \leq X_j \tag{4-11}$$

$$\sum_{j=1}^{m} c_j X_{ij} \leq C_j \tag{4-12}$$

$$\sum_{i=1}^{K} b_i X_{ij} \leq I_k \tag{4-13}$$

其中，$i = 1, 2, \cdots, n$; $j = 1, 2, \cdots, m$; $k = 1, 2, \cdots, K$。

实际上，这是一个多主体同时决策的模型组。在该投资决策基本行为模型中，既考虑到个体预算约束式（4-12），又顾及到市场总量（某种限制条件）约束式（4-11），同时考虑到各种投资者具备的信息不一致性式（4-13），每个投资主体都是在这三重约束条件下进行效用最大化决策，或者主要应对三者中约束性较强的一个或者同时面对式（4-11）、式（4-12）与式（4-13）；既区别了个体行为属性的差异，又表现出策略行为的交互；既注重个体理性，也兼顾集体理性，同时考虑到金融市场上信

---

① 反转效应指的是在一段较长的时间内，表现差的股票在其后一段时间内有强烈的趋势经历相当大的逆转，恢复到正常水平（Reversal to Mean），而在给定的一段时间内，最佳股票则倾向于在其后的时间内出现差的表现。

息的不对称因素。这可看成是研究复杂经济金融问题的投资决策行为的基本模型（隆云滔和王国成，2012）。信息在当代经济社会具有绝对重要性，在一定条件下，消息灵通的投资者比那些缺乏业内信息的人能取得更多的市场收益。信息不对称的现象在金融市场普遍存在，针对信息不对称的存在，金融监管部门应及时制定相应的政策，约束各类金融市场从业人员的行为，避免人为的信息不对称所致的损失。

第六节　投资者类型分析

针对不同类型的投资者进行分析，特别是根据人类认知层次的差异，构建投资者分类模型，可以充分认识投资者的决策动机与宏观层面的效应。投资者总是受到自身情绪或外部投资环境的影响，因而构建投资者情绪模型，对其进行具体分析。

一、投资者分类模型

Keynes（1936）用选美博弈的概念来解释股票市场上的价格波动。初看起来选美与股票市场的价格波动似乎没什么关系，但不论是作为选美博弈的参与者，还是资本市场上的投资者，他们具有共同的行为偏好——追求个人利益最大化。但因为受到外界因素如信息不对称、交易成本等的影响，他们的决策结果往往又是"有限理性"的。

选美博弈的参与者受到信息不对称的影响，参与者并不真正了解其他大多数参与者的选择，他们往往会受到个人自身因素的影响，尽可能做出"理性选择"，这种"理性选择"只是相对于他当时所获取的信息而做出的对他个人而言是理性的选择。这种"理性选择"并不一定能准确反映大多数参与者的选择，在选美博弈中，信息不对称产生大量的"噪声信息"，参与者在决策时很容易受到"噪声信息"的影响，成为噪声交易者。反过来，这些噪声交易者的行为又会影响其他参与者的决策，从而导致了选美博弈的最终结果。

资本市场同样存在如上选美博弈的问题，投资者的理性动机与有限理性决策之间的矛盾也为股价的波动提供了解释的依据。因为信息不对称，资本市场上存在大量的"噪声信息"，使处于信息劣势的投资者成为该信息的受损者，而当这部分信息受损者达到一定规模时，该信息便会在短期内支配资本市场，从而引起资本泡沫，给这部分投资者带来损失。在股票市场中，一些投资者的判断可能是错误的或者过度自信的，其他的投资者可能尽量避免与他们的想法一致，在这种情况下，投资者并不是均衡的，因为有些投资者的信念并不完全正确。

本书基于认知层次理论对投资者进行分类。在我们的分类模型中，假设投资者是有限理性的，只对自身的信息与所能获取的外界信息做出反应。投资者一般会倾向于出现各种类型的行为偏差，而这些行为偏差又会导致他们在认知层面犯错。为更好地分析投资者的类型，可从多个维度进行分类。

投资者的入市时间、对市场的关注程度、对政策反应的敏感程度以及受周边环境的影响等因素，导致了各种投资群体、类型的形成。根据投资者的规模可分为机构投资者与个人投资者；按投资者的资历以及信息处理能力等来分类，可将投资者归类为资历型投资者与非资历型投资者、稳重型投资者与活跃型投资者以及大都市投资者与地方性投资者。一般来说，机构投资者、资历型投资者、稳重型投资者以及大都市投资者对股市采取慎重态度的要多于个人投资者、非资历型投资者、活跃型投资者以及地方性投资者。本书试图通过计算实验构建一体化模型分析投资者类型对股市的影响，分析各类投资者对风险型股票、债券型股票的偏好与反应程度；另外，通过考察投资者对政策面与股市基本面的关注度，分析各类投资者受政策信息与市场基本面的影响程度的差异性。

1. 机构投资者与个人投资者比较分析

机构投资者实质上是一个营利性的制度设计，通过理性投资行为，实现价格发现与股权制衡等功效。相对个人投资者而言，机构投资者一般具有较为雄厚的资金实力，在投资决策运作、信息搜集分析、投资理财策略以及上市公司的针对性研究等方面有专门的研究部门，由资深的证券投资专家管理。1997 年以来，我国的投资机构先后成立。个人投资者因资金有限且高度分散，没有大量的时间搜集信息、分析市场行情、判断大盘走势，缺乏足够的数据资料分析上市公司的经营情况。从理论上讲，机构投资者的投资行为相对理性，投资规模相对较大，投资周期相对较长，从证券市场的角度来看，更利于其健康稳定发展。机构投资者的另一个特点是投资结构组合化，投资组合有利于降低风险，机构投资者拥有庞大的资金、专业化的管理以及多方位的市场调研能力，可以为建立有效的投资组合提供可能。个人投资者因为个人自身的条件限制，难以开展多种投资组合，抗风险能力较弱。机构投资者的投资行为较为规范，我国已有相关的法规监督机构投资者的投资行为；另外，机构投资者为保护客户的利益，维护自己在社会上的声誉，也会从各个方面规范投资行为。

机构投资者 I_j，$j = 1$，2，…，n 与个人投资者 i_j，$j = 1$，2，…，n 在市场所占份额对股市整体稳定性的影响见图 4-12，图 4-12 是我国 2005~2017 年机构投资者与个人投资者持有 A 股流通市值占比情况。

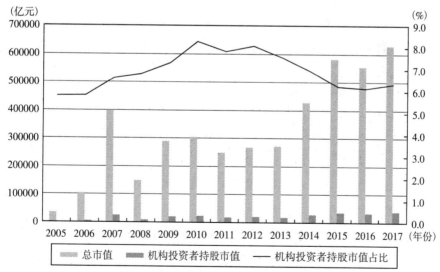

图 4-12 投资者持有 A 股流通市值份额

资料来源：Wind。

从图 4-12 可以看出，我国机构投资者自 2005 年以后进入快速发展阶段，机构投资者的规模不断扩大，证券市场投资主体的机构化日益明显。分析机构投资者的快速发展以及机构投资者与个人投资者的收益率、风险偏好程度等对整个证券市场的影响非常有必要。个人投资者往往被认为更容易受狂热与时尚，而不是整个市场基本面的影响，许多学者在这方面已有了很多研究（Shiller，1984；Delong 和 Summers，1990）。研究影响个人投资者与机构投资者的各种因素，对证券市场的稳定发展具有积极意义。我国证券市场是否需要长期的政策干预，需考虑我国资本市场发展历程较短的因素，事实上，有必要在合适的时候采取行政干预等措施以保证证券市场的正常稳定运作。

随着信息化的发展，在我国股票市场中，机构投资者与个人投资者所占比例逐渐表现出机构投资者在市场信息方面占优势，2009~2016 年，机构投资者在市场中所占比重如图 4-13 所示。

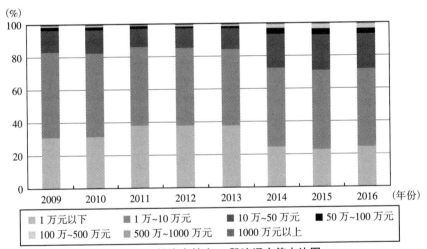

图 4-13　投资者持有 A 股流通市值占比图

我国证券监管部门非常重视机构投资者的发展，强调加大力度培育机构投资者，做好长期资金投资的衔接服务，支持各类长期资金实现投资运营和保值增值。因此，分析机构投资者与个人投资者在证券市场的长期投资行为与收益有利于我国相关金融政策的规范制定。通过构建一体化模型，从微观投资行为分析入手，寻找机构投资者与个人投资者影响我国股市波动的因素，从而更好地认识资本市场宏观涌现现象。

2. 资历型投资者与非资历型投资者比较分析

资历型投资者指的是已经具备一定投资经验的投资者，进入市场的时间较长，而且长期关注市场发展动态，对政策的响应与市场价格的波动敏感性均较为强烈。探析资历型投资者是否会因为个人的投资经验与相对较强的分析能力而表现出"过度自信"的倾向性是很有必要的。非资历型投资者指的是那些入市时间尚短、股市经验较少，选择股票买入卖出的时机尚处于"追涨杀跌"型的投资者。分析这两类投资者对政策面与基本面、风险型股票与债券型股票的偏好程度具有重要意义。从投资者的年龄分布可窥见我国投资市场中投资者的行为特点，如图 4-14 所示，沪深两市中我国投资者的年龄分布主要集中在 30~40 岁与 40~50 岁这两个年龄段，这也说明了我国投资者的整体成熟度水平还是比较高的，相对 20 岁以下与60 岁以上的投资者而言，他们获取信息的能力与抗风险的能力相对较强。

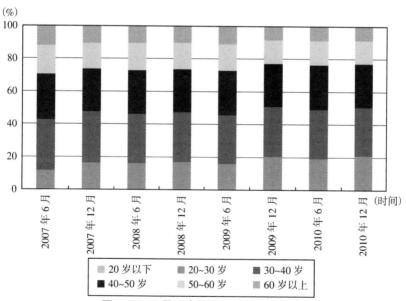

图 4-14　A 股账户持有人年龄分布占比

3. 稳重型投资者与活跃型投资者比较分析

稳重型投资者比较热衷于投资风险较低、收益相对稳定的股票，而活跃型投资者对当前股市行情判断较为迅速，相比稳重型投资者，他们更加激进，同时也会兼顾投资收益，他们的换手率较高，持股时间较短，市场只要有利好消息，在结合自身判断的基础上他们会迅速做出反应。稳重型投资者主要集中在年龄较大且资金较充裕的投资者中，其市场信心指数偏低，在乎投资的保底性；活跃型投资者的市场信心指数较高，通常对市场信息也较为敏感。通常，能充分获得市场信息的投资者倾向于活跃，在我国股票市场中，机构投资者往往能优先获得某些利好消息，相对个人投资者更加活跃。

4. 大都市投资者与地方性投资者比较分析

大都市投资者比如北京、上海、深圳等一线城市的居民较之内地如新疆、西藏等西部地区城市的居民对股票的关注程度要高，同时他们对信息的反馈时间较短，在信息方面具有较强优势，而且对证券市场的认识较深、接触股市的实际时间长、投资经验相对丰富。

通过对投资者类型的分析，有助于从多角度考察投资者的投资决策，更有利于对投资者行为进行针对性分析。特别是当经济金融形势复杂多变时，我们更应该从微观分析入手，探讨投资者行为差异，构建一体化行为模型，认识复杂金融宏观现象。

二、投资者情绪模型

投资者情绪与经济基本面的主流偏向主导市场的状态（Vaga，1990）。学者、交易员以及基金经理总是设法找到使股票上涨或者下跌的因素。某些影响因素非常明显，比如公司财报披露了意外强劲的收益后，价格会上涨等。随着研究的深入，越来越多的现象变得扑朔迷离，如通过标准方式测量资产快速增长公司的股票收益率要比实际的好得多。为什么它们有时候变得更差？是什么使得股票的价格模式具有共同的特点，是资产收益率、总应计利率还是净股票发行率等。

相关学者在这方面的多年研究表明，有两种理论可以解释股票回报的这些异象。第一种理论认为投资者对具有这些特殊特征且难以觉察风险的股票具有敏锐的观察力，如果真是这样的话，异常大的价格收益将反映一种风险溢价，较大的收益可以弥补更大的风险。第二种理论认为这些意外的收益与损失是由错误定价造成的，出于某些原因，相对股票的基本价值而言，投资者为某只股票支付的有可能过多或过少。

股票市场的发展历程充满了各种有趣的事件，这些事件对股市的影响足以让人们记住它们的名字：1929 年的经济大萧条，20 世纪 60 年代初的电子繁荣，20 世纪 60 年代末的快速交易，20 世纪 70 年代早期的"漂亮 50"泡沫，1987 年 10 月的"黑色星期一崩盘"，20 世纪 90 年代的网络泡沫以及 2008 年的全球金融危机。这些事件都影响了股市，使股票的价格显著波动，而这些现象似乎无法用现代金融理论来解释。标准的金融模型中，非情绪化的投资者总是迫使资本市场价格等于未来预期现金流的理性现值，但仍然发现很难解释这些现象。行为金融领域的研究者一直致力于开发基于两个基本假设条件的替代模型来优化标准的金融模型。

第一个假设条件：投资者容易受到情绪的影响（Delong 和 Summers，1990）。经典金融理论中几乎没有研究投资者情绪，但关于投资者情绪对股票市场的影响的研究已有很长的历史。从广义上来看，投资者情绪是投资者对未来现金流以及不用当前情况来衡量的投资风险的一种信念。第二个假设条件：情绪化投资者的代价高昂，而且风险也很高（Shleifer 和 Vishny，1997）。因此，理性投资者（或套利者）并不像标准模型所认为的那样激进地将价格推向基本面。在现代行为金融学领域，套利是有限的。近来股票市场发展的历程很好地验证了这一点，网络泡沫以及随后的纳斯达克与电信崩溃等，都证实了行为金融的两个假设前提条件。

有效市场假说能够解释资产回报不可预测性与市场从业者对价值的执着搜寻存有分歧，投资者情绪的引入解决了这方面的疑问。股票价格可看作是预期折现股息：

$$p = \frac{E(c)}{k}$$

其中，p 是股票价格，c 是股息流，而 k 是贴现率。因此，任何 p 的上涨或下跌都可看作是贴现率 k 与/或预期股息流 c 变化的结果。由此可将投资者情绪定义为投资者的预期与其他金融市场从业者，比如金融分析师、交易员、资产经理以及经济学家对未来股票价格 p 上涨或下跌的预期。

仅通过计算使投资者情绪调查指标公开化的话，我们会反对有效市场假说认为的资产价格能够反映全部可能的市场信息。考虑到我们无法预测即将到来的信息，市场从业者也不能预测未来股价 p 是上涨还是下跌。即使是所有投资者决定将他们个人的期望公开，也不能预测资产价格的变化情况。投资者情绪指标可以分为两类：间接情绪指标与直接情绪指标。间接情绪指标来自市场数据如价格、交易量与波动性等；而直接情绪指标则来自情绪调查，具体见表 4-1。

表 4-1　直接投资者情绪指标

情绪度量 特征	投资者情报 顾问情绪	美林证券全球 基金经理调查	美国个人投资者 协会情绪调查	耶鲁学派股 市信心指数	资本研究院 G100 情绪
开始时间	20 世纪 60 年代	1985 年	1987 年	1989 年	2005 年
频率	周	月	周	月	日
展望	1~2 周	6~12 月	6 月	12 月	下一阶段
参与者	市场信息发 布者	基金经理	个体投资者	机构及个体 投资者	G100：投资者、基 金经理及分析师

通常，获取投资者情绪指数的途径主要有三种：问卷调查直接获取、新闻关键词搜索以及根据市场公开数据编制。表 4-1 给出了美国证券市场投资者相关的情绪指标。

Baker 和 Wurgler（2006）研究投资者情绪如何影响股票回报的横截面，得出投资者情绪对股票价格的横截面具有显著的影响。他们预测投资者情绪对证券具有更大的影响，这些证券的价值高度主观而且很难套利。与这种预测相一致的是，研究发现，情绪初期阶段的代理较低时，对小股票、年轻股票、高波动性股票、无利股票、非股息支付股票、极端成长股票以及问题型股票等而言，其随后回报相对较高。Baker 和 Wurgler（2007）

研究发现六个情绪代理指标最能反映年度收益的波动，这六个情绪代理包括封闭式基金折现率、股票交易量、IPO 交易量以及这三个变量的滞后月度数据，以这六个情绪代理变量为基础构建了综合投资者情绪指数。他们的研究表明投资者情绪对股票价格有一定的影响，并给出了如何测度投资者情绪对股价影响的方法。其中一种是"自下而上"的方法，利用个人投资者的心理偏差，比如过度自信、代表性与保守性，解释个人投资者是如何对过去的回报或基本面反应不足或反应过度的。Shefrin（2008）给出了类似的模型，依赖投资者之间意见的偏差，有时结合卖空限制，从而导致股价误估。将这些方法结合起来分析得出的模型可对市场投资者情绪、股票价格以及交易量的模式给出预测。Baker 和 Wurgler（2007）重点讨论了投资者情绪研究方法，主要从"自上而下"对宏观经济层面进行研究，注重大众心理变化的一种更为简约的思路，而没有哪种方法对研究真实市场的运作是万能的，真实投资者与市场运行的复杂性很难用少数选择性偏差与贸易摩擦来简单总结。利用"自上而下"的分析思路，结合基于主体的建模方法，可以更好地分析投资者情绪因素对投资行为的影响。可采用"自上而下"方法关注总体情绪简约形式的测量，并追溯其对市场回报与个股的影响。"自上而下"方法的新方向建立在行为金融的两个更广泛且无可辩驳的条件基础之上——情绪与有限套利，可以解释哪些股票很可能受情绪的影响，而不是简单地指出总体股价依赖情绪程度。特别地，低资本化的股票，年轻、无利润、高波动性、非股息支付的增长型公司或陷入财政危机的公司很可能与投资者情绪的较大波动不成比例。从理论上讲，主要有两个原因：其一，这些类型的股票很难套利，因为交易成本较高；其二，它们很难估值，偏差较大，很容易犯估值错误。"自上而下"与"自下而上"的研究方法各有优势，对投资者情绪的研究都应该引起重视。"自上而下"方法的优点是能够以简单全面思路分析泡沫、崩盘以及股价的日常模式；"自下而上"方法的优点主要是可以为投资者情绪变化提供微观基础，而"自上而下"的方法只能将其看成是外生的。

1. 股票投资者情绪的理论影响

对情绪与总体股票收益的一系列开创性的前沿研究始于 20 世纪 80 年

代，这在很大程度上是非理性的，各种方式表明股票市场作为一个整体往往导致错误定价。研究者一般关心总体回报到均值回归的趋势、总体股票指数的波动性或使用简单估值比率，如股票市场价值的总体股息比例预测总体回报等。比如，Shiller（1981）关注过度波动，Fama 和 French（1988）以及 Poterba 和 Summers（1988）的工作注重均值回归，而 Campbell 和 Shiller（1988）、Fama 和 French（1989）关注估值比率。在这些研究中，情绪的作用并未体现，而且统计研究并不总是有力的。很难区分随机游走过程与长期泡沫，特别是短期内包括泡沫的时间序列。即使统计推断似乎是稳健的，但经济的解释意义尚不明朗。股票回报的可预见性可能反映了情绪推断错误定价的修正，可以说，时变风险或者风险规避会引起预期股票收益随时间变化。

Baker 和 Wurgler（2006）利用行为金融理论的进展为情绪效应提供了更全面的解释。Delong 和 Summers（1990）给出了证券市场的行为模型，主要是将投资者分为两类：一种是不受情绪影响的理性套利者；另一种是易受外部情绪影响的非理性交易者。他们在市场中竞争，并设定价格与预期收益理性套利者往往受到各种因素的限制，这些限制来自短期展望交易与卖空的成本与风险等。股票价格并不总是体现它们的基本价值。在这些模型中，错误定价缘于两种因素的结合：非理性交易者情绪的变化以及理性交易者的套利受限。

基于情绪需求的变化因公司的不同而有所不同，而套利在各公司之间同样是困难的。假定投资者情绪是边际投资者预测的倾向，类似于彩票游戏，那么情绪很可能定义为对更具有投机性证券的更高需求。也就是说，当情绪上涨时，可以预期这些"投机性"股票同时也具有更高的回报。到底是哪些因素引起某些股票较之其他的股票更具投机性呢？一般认为关键的因素是决定股票真实价值的难度与主观性。例如，对于一个年轻的、尚无利可图但又具有潜在利润增长的公司而言，没有盈利历史以及未来高度不确定性的结合使投资者对其的估值在过低与过高之间，以适应他们广泛的情绪需要。当处于股市泡沫时期，投机性的倾向较高，投资银行家的判断能够与高估值相一致。相反，具有长期盈利历史、有形资产以及稳定股利的企业价值的主观性较少，因此它的股票受情绪的影响较小。这里可以引入心理学方面的知识来解释。不确定性意味着过度自信（Daniel 等，1998）、代表性以及保守性（Barberis 等，1998）的效果更为明显。

Yu 和 Yuan（2011）给出了投资者情绪对市场均值—方差权衡的影响，研究发现在低情绪阶段时，股票市场的预期超额收益与市场的条件方差呈正相关，而与高情绪阶段的方差没有关系，这些发现与情绪交易者是一致的。在高情绪阶段，会破坏原来正的均值—方差权衡。他们还发现回报与同时期波动性创新之间的负相关在低情绪阶段要更强一些。Stambaugh 等（2012）探讨了投资者情绪在横截面股票收益率方面的一系列异象，市场情绪往往与过高定价结合在一起，因为卖空限制过高定价与过低定价相比更普遍，对这些异象的多空策略（Long-short Strategies）研究显示：在高水平的情绪下，单个异象较强（因为短期策略更有利）；在高情绪下，单个策略的短期效果更加有利；情绪与多头策略下的回报不相关。

我们可以简单地将投资者情绪分为对股市行情持乐观态度与悲观态度两种，而且允许对各股票的套利限制不同。大量的研究表明，对某些股票而言，套利的成本与风险都很高：比如那些年轻、尚无利可图或经历极度发展的股票，这类股票短期交易的成本较高（Avolio，2002）。这些股票在收益方面具有特殊的变化，使它们的风险性更高（Wurgler 和 Zhuravskaya，2002）。此类股票的高波动性将诱使那些为套利者提供资金的投资者预测价格走向，并在错误定价最大化时撤资（Shleifer 和 Vishny，1997）。因为没有支付股利，这些股票的基本面在未来仍是不确定的，因此倾向于投机决策（Pontiff，1996）。从而可分析情绪对这类股票具有较大的影响。

实际上，很难估值的相同证券也难以套利。可以初步得出稳健的结论：最易受投资者情绪影响的股票往往是那些年轻、规模较小、波动性较大、无利润以及无股息支付的公司（或者说具有类似特征的企业）；相反，债券型股票往往受情绪的影响较小。这里讨论的投资者情绪不依赖投资者情绪的详细定义，或者取决于某个套利机制如卖空约束等。

2. 股票投资者情绪的定性分析

市场投资者情绪是行为金融学领域内从宏观层面上对投资者行为的认

识与理解，用来反映投资者的投资意愿与市场人气的指数，投资者在综合各种信息的影响后，对资产未来价格产生的具有偏差的整体预期。投资者情绪的量化问题比较难以解决，但从定性的角度分析投资者情绪可为投资者提供一定的决策建议，图 4-15 给出了股票价格受投资者情绪影响的理论效应。

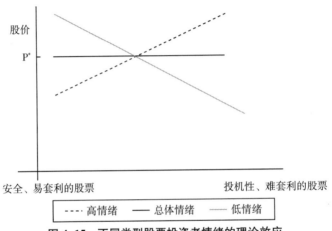

图 4-15 不同类型股票投资者情绪的理论效应

注：投机性股票以及难以估值与套利的股票在投资者情绪较高时具有较高的相对价值。
资料来源：Baker 和 Wurgler（2007）。

图 4-15 简单给出了情绪对各种股票的影响分析的示意图，x 轴表示通过股票估值与套利的难易程度分析股票，债券型股票比如公共事业领域内的股票位于图的左边；而新兴、规模小以及波动性较大的公司的股票位于图的右边。y 轴表示价格，p* 表示基本价值，它随时间变化。这些线条说明了股票估值如何受情绪波动影响的基本假设，高情绪应该与高的股票估值联系在一起，特别是那些最难估值且最难套利的股票。低情绪则以相反的情形影响股票估值。一般而言，在没有情绪影响的情况下，股票价格应该假定为 p*。

在图 4-15 中，我们看到三条直线的交叉点，一种情况是可以假设这三条直线并不相交，可以假定为向上扬的高情绪线可以完全高于非情绪基本价值线 p*，它也可以完全高于向下趋势的低情绪线。也就是说，当情绪增加时，所有股票的价格上涨，但总有一些股票的上涨势头会超过其他一些股票的变化。在这种情况下，情绪的总体效应非常强，因为总股票指数是相关股票的简单平均。

图 4-15 反映了一种较复杂的情形，特别安全、易于套利的股票一般与情绪逆相关。如果情绪波动引起对投机性证券的需求大量增加，比如在股票市场中引起"质量追求"，会发生这种情况。这种控制基本面的任何变化的事件会降低投机性股票的价格，而同时提高债券型股票的价格。在这种情况下，情绪对总体回报的影响较小，因为股票价格不会朝着同一个方向移动。

因此，行为理论为情绪效应提供了横截面预测，而总体预测性不是非常清楚，这些有助于解释 20 世纪 80 年代的股票研究为什么不能得到很好的统计结论。图 4-15 给出了凭借经验讨论投资者情绪的影响；通过分析，投机性较强且难以套利的股票对情绪更为敏感，在这个意义上，它们的价格变化更多地体现在情绪指数的变化方面。按照金融学的说法，投机性股票与难以套利的股票具有较高的"情绪 β 值[1]"。是否具有负的情绪 β 债券型股票值得研究，如图 4-15 所示，它们的回报与情绪变化负相关。当前投资者情绪水平是否能够预测情绪减弱时股票的未来收益，经济基本面总是会受到情绪的影响，而基本面反过来又会影响股票的回报，回报的可预测性有助于关注这些，如果股票定价正确的话，它可表示成一种盈利的交易策略。

3. 投资者情绪测量

投资者情绪不容易直接测量，但也没有足够的理由说明不能寻找不完美的代理来刻画。Baker 和 Wurgler（2007）讨论了涉及测量投资者情绪与描述情绪代理的一般性问题。他们利用代理的多种组合构建投资者情绪，给出了过去 40 年主要投资行为的波动情况。

投资者情绪的外生冲击通常会导致一系列事件的发生，而且原则上冲

---

[1] "情绪 β 值"类似于非常著名的概念"市场 β 值"，用于衡量单个股票作为一个整体股票市场的回报，平均来说，市场回报增加 1% 时，具有市场 β 值 1.0 的股票也会增加 1%。

击本身也可作为这一系列事件的一部分。比如，它可能首先出现在投资者信念中。这些信念又可转换成证券的可交换形式。有限套利意味着这些需求压力可能引起某些错误定价，如利用基本价值的基准如净值市价比（Book-to-Market Ratio）观察得到的错误定价，这些错误定价会引起业内人士的信息响应，比如企业高管，他们同时具有优越的信息与利用这些信息的动力。

坏消息是这一系列事件中的一部分也可能是噪声因素。经济学家总是质疑调查结果，因为他们不清楚人们对调查的反应与人们真实行为之间的差距。用交易活动测量情绪意味着以非理性投资者的立场来看待问题。一般而言，证券的市场价格反映了基本面，而情绪的作用较弱。企业可能会因为各种原因改变它们的金融结构，比如企业准则的变化，而不是扮演企业套利者的角色。

以上分析表明实用方法通常是几种不完美措施的结合。测量情绪的方法（这些都是从公司业内人士基于投资者心理变化得出的）包括调查、情绪代理、散户投资者交易、共同基金流动、交易量、股息支付溢价、封闭式基金折价、波动隐含的期权、首次公开发行上市（IPO）首日回报、首次公开发行上市的交易量、新股发行以及内幕交易等，Baker 和 Wurgler（2007）的研究中有对这些分析方法的详细介绍。

通过构建两个投资者情绪测度，可以使在构建投资组合时，利用投资者情绪信息，进一步把常见的投资组合（赢家、输家组合）分解为高情绪与低情绪组合。在公司金融方面，更好地理解投资者情绪有益于了解证券发行的模式，同时公司特点的披露似乎与股票价格有一定的条件关联。在资产定价方面，结果表明对价格与预期回报的描述性精确模型需要着重考虑投资者情绪的作用。

目前，研究中国股票市场的学者越来越关注投资者情绪对股票市场的影响，中国投资者情绪指数主要是"耶鲁-CCER 中国投资者情绪指数"[①]，

---

① 耶鲁-CCER 中国投资者情绪指数由耶鲁大学著名行为金融学教授罗伯特·希勒博士提出，与北京大学中国经济研究中心（CCER）合作，色诺芬公司参与调查，用来反映中国投资者情绪变化的指数体系。

它包括信心指数、"熊市"指数以及"牛市"指数三大指数体系。信心指数主要是用来反映整个股票市场未来波动性的指数;"熊市"指数用来形容看空市场的指数,而"牛市"指数则是用来描述看多市场的指数。当信心指数低于 50 时,可认为市场信心不足,指数波动性有加大的可能性;当信心指数高于 50 时,可认为市场信息较足,市场有企稳上行的趋势。各大券商也着手研究投资者情绪与证券价格之间的关系,比如招商期货研究了市场情绪指数的构建方法与策略(俞婕和刘晓娜,2012),他们用于构建市场情绪指数的主要指标如表 4-2 所示。

表 4-2　衡量市场情绪的主要指标

类别	指标
市场行情	成交量、换手率、市盈率、上涨家数比重、RSI 相对强弱指标、中小板超额收益率、主卖(买)成交量等
IPO	新股发行数、IPO 首日涨跌幅、新股发行 PE 等
交易所统计	A 股新增开户数、资金流入流出等
基金	封闭式基金折价率、公募基金仓位(股票型)、基金申购量等
股指期货	基差、主力持仓量、成交量等
融资融券	融资余额、融券余额等

资料来源:Wind、招商期货研究所。

长城证券通过主成分分析法构建了市场情绪指标(GWSMSI),呈现正态分布,而且其顶、底部基本上都对应着市场的顶、底部(高凌智,2012),参考图 4-16。

以上对投资者的类型进行了具体分析,着重从投资者认知层次与投资者情绪出发,分别构建投资者认知层次模型与投资者情绪模型,结合中国资本市场的实际情况进行针对性的分析。

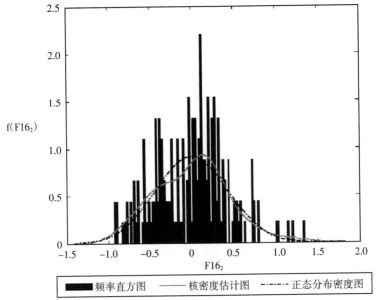

图 4-16 F16$_2$[①] **的频率分布**

资料来源：Wind、长城证券研究所。

第七节　复杂涌现现象与典型化事实

　　社会科学的研究思路开始从微观视角来认识复杂的宏观现象，这是社会科学领域的一大创举。随着现代先进计算技术的发展与推广，人们的日常活动日趋复杂化、多元化，行为动机也复杂多变，如何更好地认识人类行为动机与宏观复杂现象？如何通过观察个体之间的相互作用来解释宏观层面的经济社会现象？人类经济行为活动都是一系列内因与外因结合作用

---

① F16 是长城证券市场情绪指标 GWSMSI（Great Wall Securities Market Sentiment Index）利用主成分分析方法对各影响因素加权后所得。F16$_2$ 是最近两周 F16 的均值，以消除小的扰动，反映趋势。

的结果，巴克提出了自组织临界性的概念，即个体层面的相互作用达到一定程度以后往往会产生一个临界点，而该临界点对整个系统的作用非常重要（Bak，1996）。自组织临界性背后的主要驱动力是：微观层面的主体行为往往会引起系统的自组织现象，并收敛到某一临界点。因而小事件可能造成整体的影响（米勒和佩奇，2012）。由此可见，微观层面的变化对宏观整体的影响不可小觑。

一、从微观视角认识宏观复杂涌现现象

微观个体行为的复杂性导致各种宏观经济现象的涌现。从微观视角认识宏观复杂涌现现象的研究最早是由亚当·斯密提出的"看不见的手"的理论，后来有更多的经济学家、社会学家从事这方面的研究。金融市场上投资主体对市场的理解与预期差异性较大，个体间表现的异质性导致了股市的波动，投资者对股票市场的心理预期不同，导致决策各异。对同一个信息，投资者会表现出持偏好或厌恶或中性的态度，这被称为对信息的"反应不对称"，在时间上，同一个信息到达投资者的时间不同导致的反应差异巨大，这被称为投资市场上对信息反应的"时间延迟"。这些足够体现个人投资者存在着异质性的特点，表明他们对股票市场前景具有不同的信念。Avromov 等（2006）分析认为，投资者的类型不能解释每日股票市场流动性的不同，但能解释股票市场流动性的不对称行为。股票投资者对信息存在"反应过度"（Over-reaction）和"反应不足"（Under-reaction）等行为，从而导致投资行为决策不一致。

Schelling（1978）在《微观动机与宏观行为》一书中全面介绍了关于个体动机、微观行为（微观动机）与所带来的总体结果（宏观行为）之间的相互关系，通过刻画现实生活中的具体实例，探讨了个体行为所导致的宏观结果，讨论了宏观结果中所蕴含的个体动机或行为，以及通过宏观行为的观察推导个体的微观动机。Vissing-Jorgensen（2003）研究发现，在2000年初，50%的个人投资者认为股票市场被高估，而约25%的个人投资者认为股票价格与价值相符，不到10%的个人投资者认为股票价格被低估。近年来，美国国家科学院国家研究委员会编写的有关行为建模与仿真的书中强调了微观行为对宏观复杂现象的影响（Zacharias 等，2008）。

经济学对人以及行为的分析总是有某些假设条件，这些假设条件一般考虑人们的偏好、目标、成本最小化以及收益最大化等。这些行为可以看作是目的性的，而且人们的行为与周边的朋友的目的以及行为密切相关，也受到周边其他人目标的影响或约束。在其他学科，特别是在社会科学领域，我们将动机比喻为行为，因为有时候行为表现的似乎是与目标相同。

经济学微观与宏观层面的脱节，已给经济学的研究带来了许多困扰。21 世纪将是经济学分久必合的时代，为寻求微观经济学与宏观经济学之间的内在联系，近来许多经济学家纷纷倾注力量研究两者之间的关系，并试图从微观个体的行为推演宏观总体现象的含义。

二、微观行为与宏观经济现象

交互主体方法在分析投资者行为方面已发挥了重要作用，在许多金融时间序列中观察到的大量重要的典型化事实更加促进了交互主体方法的应用（Brock，1997）：①不可预测的资产价格与回报；②大且持久的交易量；③过度波动性以及与基本价值的持续偏离；④集聚波动性与长期记忆。根据①，资产价格是很难预测的。新信息被迅速地反映在资产价格上，更何况"没有免费的午餐"，也就是说，套利机会是很难被发现且被合理利用的。传统的理性、代表性主体框架能够解释①，但是很难解释其他的典型化事实②~④。特别是，在这样一个只有理性主体的市场上，具有不对称信息的风险规避投资者不可能交易，因为没有交易者能够从优势信息中获利，由于其他理性交易者将预期这种主体必须具有优势信息，从而不会同意交易（Fudenberg 和 Tirole，1991）。没有交易定理可以与真实金融市场中观察到的巨大的日交易量形成对比，这些表明一定存在其他的异质类型，如有关未来走势的不同意见等。典型化事实③意味着资产价格的波动远大于潜在市场基本面的波动。这点已经被强调过了（Shiller，1981）。当市场过度波动时，价格可以偏离其基本价值很长一段时间。典型化事实④意味着价格波动的特点是在具有小的价格波动的低波动性阶段、高波动性的动荡阶段以及资产价格的大幅波动之间不规则转换。交互主体模型已经能够同时解释这些典型化事实（LeBaron 等，1999；Lux 和 Marchesi，1999）。

在经济学上经常出现许多没有监管或者指导的个体行为导致不是太好的聚集结果，几百年前，亚当·斯密将系统看成是由一只"看不见的手"来协调的。经济学家并不总是善于观察，他们往往会将所想象的场景与现实进行比较以判断结果的好坏，从而推断人们的行为特征以及系统作为一个整体的特征并进行评价。

随着人类行为的复杂演化与行为动机的多样性，研究微观动机与宏观行为两者之间的关系变得越来越重要，基于主体真实行为的建模分析可以为探索这两者之间的关系提供可行之径。

第五章　资本市场一体化建模与计算实验分析

资本市场的一体化建模可充分认识投资者的投资决策与宏观市场的整体波动，通过对机构投者与个人投资者的建模分析，进一步分析机构投资者的发展速度与个人投资者进入市场的速度之间的某种关联，通过设定模型参数，分析投资者在市场行情向好与向坏时的表现，可分析市场行情高涨时，投资者入市的速度，以及市场行情低落时，投资者退市的情况。通过一体化建模与计算实验分析，可探寻资本市场中投资者的复杂行为。

第一节　基于主体的建模方法与资本市场分析

基于主体的建模方法经过三十多年的发展，已在各个学科领域有了广泛的应用。近年来，基于主体的建模方法在金融市场方面的应用为分析现代资本市场涌现出的与传统现象不一样的诸多异象提供了一个很好的分析工具。

一、一体化建模的基准模型

1. 实验的基本设计

经验贝叶斯交易者基于市场信息调整他们的信念。特别地，计算主体的预期收益 $E[D|p_0, p_1, \cdots, p_t]$ 时，为简单起见，在模型中，仅考虑交

易价格而忽略其他的市场变量比如竞价/询价、价差以及交易量。也可以假设大部分相关的信息都包含在过去 k 次交易中，因此，价格 m_t 的 k 阶段的移动平均可以用于总结 t 时刻的市场信息。

$$m_t = \frac{1}{k} \sum_{\tau=t-k+1}^{t} p_\tau$$

在模拟过程中，可以设置 k 的大小。考虑到移动平均价格的序列 m_k，m_{k+1}，…，m_t 以及现实的股息 D_i，可以经验地估计条件分布 $P(m|D_i)$，利用贝叶斯定理，可得到 $P(D_i|m)$。

$$P(D_i|m) = \frac{P(m|D_i)P(D_i)}{\sum_j P(m|D_j)P(D_j)}$$

其中，$P(D_i)$ 是给定某个交易者的私人信息集后股息状态 i 的先验概率。因此，对于 $D = (D_0, D_1, …, D_n)$ 以及给定的一个移动平均价格 m 而言，股息的条件期望是：

$$E[D|m] = \sum_{i=1}^{N} P(D_i|m)D_i$$

这个条件期望可作为经验贝叶斯交易者的基准价格 p^*。订单提交过程可见表 5-1。

表 5-1　人工市场模拟中 AI-主体的订单提交算法

情景	行动
现行竞价，现行询价	
$p^* > a$	买入
$p^* < b$	卖出
$b < p^* < a$ 且 $a - p^* > p^* - b$	发布一个询价分布 $U(p^*, p^*+S)$
$b < p^* < a$ 且 $a - p^* \leq p^* - b$	发布一个竞价分布 $U(p^*-S, p^*)$
无竞价，现行询价	
$p^* > a$	买入
$p^* \leq a$	发布一个竞价分布 $U(p^*-S, p^*)$
现行竞价，无询价	
$p^* < b$	卖出
$p^* \geq b$	发布一个询价分布 $U(p^*, p^*+S)$

续表

情景	行动
无竞价，无询价	
1/2 的概率	发布一个询价分布 U(p*, p*+S)
1/2 的概率	发布一个竞价分布 U(p*−S, p*)

注：a 表示最优询价，b 表示最优竞价，p* 表示主体的基准价格，S 表示与基准价格的最大价差，且 U(x_1, x_2) 是从 x_1 到 x_2 的开区间上的均匀分布。

在具体实现过程中，经验贝叶斯交易者通过构建具有移动平均价格的直方图来估计条件密度函数，每个直方图对应一个股息状态，附加一个序列，而且相应的直方图在经过每个阶段的实验后都会用一个新的移动平均价格替换。通过增加更多的时期，经验贝叶斯交易者可以更加精确地估计条件概率。从直观上来看，经验贝叶斯交易者通过将相关的市场条件与已实现的状态结合起来学习。他们将这些联系以直方图的形式表示出来，而且直方图能够较好地表示在给定市场数据的条件下主体如何区分不同的状态。

对最邻近的交易者而言，不需要考虑 k 个时期的移动平均价格，在每个时期 i，它们形成一系列价格序列的一个 n−元组：

$$x_n^i, \ x_{n+1}^i, \ \cdots, \ x_{T_i}^i$$

其中，$x_t = (p_{t-n+1}, \ p_{t-1+2}, \ \cdots, \ p_t)$，t = k，k + 1，$\cdots$，T。$p_t$ 是 t 时刻的市场，而 T_i 是该时期的交易数量。类似于经验贝叶斯交易者，最邻近交易者相信所有相关的信息都包含在前 n 次交易的价格中。实验中可以设置 n 的大小，对于每个 n−元组，x_t^i 与期末 REE 价格或股息 D_i 相联系，取决于经济状态。（x_n^i, D_i），（x_{n+1}^i, D_i），$\cdots$，（$x_{T_i}^i$, D_i），（x_n^{i+1}, D_{i+1}）表示最邻近交易者的"记忆"。最邻近交易者通过观察现有市场内最近的 n−元组 x^i 进行预测，以记忆的欧式距离的形式寻找它的 r 个最近邻。该预测被定义为 r 个最近邻的相关股息的平均值。

参数 r 通过偏差调节与方差估计的平衡关系来控制预测的健壮性。如果 r 太大，偏差变大而且估计不精确；如果 r 太小，那么方差会很大，估计是有噪声的而且对单个数据非常敏感。通过简单的试错，可以稳定在 r = 10 处，平均方程误差与计算速度有一个最好的平衡，但并没有表现出最优形式。

2. 资本市场中主体行为假设

在以上基准模型的基础上，我们分析投资者的一般行为，投资者非常重视股票价格 P_t 的波动，价格回报是金融市场中研究的中心话题。许多学者利用各种方法对其进行研究，比如 Feng 等（2012）将随机过程模型与金融数据相结合进行分析。技术性投资者对每日股票价格 P_t 的动态变化影响很大（在模型中也可以考虑对数价格 $p_t \equiv \ln(P_t)$），而基本面投资者更关注股票的基本价值。尽管基本面投资者拥有很多股票，但是他们交易得并不频繁。我们在模型中主要考虑的是技术性投资者，假定基本面投资者只对市场噪声起作用。基于真实交易行为分析，构建基于行为的主体模型，模型构建的假设条件如下：

（1）由主体每天做出随机交易决策。我们考虑有 n_0 个技术性投资者，他们使用不同的交易策略且买入、卖出以及持有股票的行为是随机的。这些投资者是有限理性的，我们考虑交易策略的变化以每日交易为限，根据经验研究得出，实证的交易数据缺乏日内交易的持久性（Eisler 和 Kertész，2007）。市场调查也表明基金经理很少关注日内交易，可以用概率 p 估计日常交易量中的日常交易（Menkhoff，2010）。

（2）估计回报。估计回报 $r_t \equiv p_t - p_{t-1}$ 是股票供给与需求之间的不平衡 d_t 造成的——每日买入、卖出交易者数量的差异。过度的总供给或总需求都会使股价下降或上升，而当所有交易者联合行动时 r_t 最大，他们要么买入所有股票，要么卖出所有股票。根据已有文献的研究（Plerou 等，2002；Bouchaud 等，2009），我们可以假设价格变化 r_t 与 d_t 是线性关系。

（3）技术策略回报的集中交互机制。对于技术性交易者，模型中重要的输入参数是过去的价格波动（Preis 等，2008，2009）。价格与订单反映了主体之间主要的交互机制。在许多基于主体的模型中，主体之间的交互程度需要随着主体规模（Cont，2001；Lux 和 Schornstein，2005）或者交互结构（Lux，2009）进行调整以维持回报分布的"厚尾"状态。我们在模型中侧重主体间的交互机制（价格变化），因此，随着主体规模增加，交互强度不受交互结构的影响。

（4）因价格变化而引起的意见一致。价格变化是观察股市波动的晴雨表，研究机构投资者与个人投资者在价格波动变化时各自的决策力度。价格变化便于研究技术性交易者的集体行为，Duffy 等发现主体间会彼此学习，而倾向于选择能带来最大收益的策略（Duffy 和 Feltovich，1999）。考虑任何时点的价格模式，一些最赚钱的技术策略占据市场，因为每个技术交易者总是想利用相互间学习到的最赚钱的策略最大化个人的利润（当大部分主体都采取这种盈利策略时，该策略变得不怎么有利可图，而且新的盈利策略来自于新的价格变动趋势，主体很快会聚集到一种新的盈利策略，直到它不再盈利为止，这类似于许多基于主体模型的政体更替现象）。另外，不同技术交易者使用的策略在买入或卖出时的参数设置、风险承受能力以及资产组合构成不同（Brown，2010）。可以认为，当输入信号——也就是价格变动 r_{t-1} 很小时，每个主体的行动相互独立。当输入信号较大时，主体的行动更为一致，不管他们交易策略之间的差异性如何。例如，当市场崩溃蔓延到恐慌阶段，大部分主体会卖出他们的股票（在这种情况下，市场做市商很可能遭受损失）。这也验证了实证结果，Gabaix 等（2003）发现当占优势的交易具有相同的买入或者卖出决策时，便会发生巨大的价格波动。

　　（5）市场政策变动对投资的影响。股票市场的价格波动反映了投资者对未来市场的预期，宏观政策的调整以及世界大事件的发生对股市的价格波动都会造成一定的影响。分析市场政策变动对股市的影响，可借助基于主体的一体化建模方法。政策变动有利好、利坏两种，利好消息使股民投资意向明朗，股市行情整体上涨，反之股市行情整体低迷。分析机构投资者与个人投资者对政策的响应，从经验上来看，机构投资者因具有较强大的投资团队，对市场政策的变动非常敏感，采取盈利决策与规避风险的行动较为迅速；而个人投资者限于对信息的反应能力以及囿于自身投资知识与能力，往往在盈利决策与风险规避方面滞后于机构投资者。

　　3. 资本市场行为模型

　　基于以上对资本市场行为的分析，可以构造行为模型：

　　第一，基于假设条件（1），假定有 n_0 个主体，每个主体都等于 1。在每个交易日内，由每个主体所做出的交易决定 $\varphi_i(t)$ 如下：

$$\varphi_i(t) \equiv \begin{cases} 1 & \text{with probability } p \Rightarrow \text{buy} \\ -1 & \text{with probability } q \Rightarrow \text{sell} \\ 0 & \text{with probability } 1-p-q \Rightarrow \text{hold} \end{cases}$$

当 $\varphi_i(t)=1$ 时，表示主体 i 以概率 p 买入，当 $\varphi_i(t)=-1$ 时，表示主体 i 以概率 q 卖出；而当 $\varphi_i(t)=0$ 时，表示主体 i 以概率 $1-p-q$ 持有股票。

第二，基于假设条件（2），可以定义价格变化 r_t 与总需求 d_t 呈正比关系，也就是，愿意买入与卖出的主体数量的差异。

$$r_t \equiv k d_t = k \sum_{i=1}^{n_0} \varphi_i(t)$$

因为每个主体的交易规模均为 1，所以在这种情况下，交易量等于成交总量。因此，每日交易量 N_t 可定义为：

$$N_t \equiv \sum_{i=1}^{n_0} |\varphi_i(t)|$$

其中，k 是相对于总需求 d_t 的价格变动的敏感性。令 $k=1$，因为 k 的这个取值并不影响统计性质。注意，按照第一步的意思，最大值（最小值）d_t 意味着所有主体的行动一致，所有主体要么全部买入要么全部卖出股票。

第三，基于假设条件（3）与假设条件（4），在 $t+1$ 日，每个主体的态度随机分布在每个意见小组 c_{t+1}，有：

$$c_{t+1} = (n_0 / |r_t|)^w \tag{5-1}$$

其中，所有主体以相同的概率 $p=q$ 构成相同的意见小组并采取同样的行动（买入、卖出或者持有）。因为 $1 \leq c_{t+1} \leq n_0$，式（5-1）意味着：当以前的回报收益最大时，$|r_t|_{max} = n_0$（每个人都买入/卖出），那么所有主体只有一种交易态度；当以前的回报收益最小时，$|r_t|_{min} = n_0^{(w-1)/w}$，存在 n_0 种态度，每个主体的行动彼此相互独立。在模型中考虑 $w=1$ 的模拟情况，因为当 $w=1$ 时，得出的结论与经验发现非常接近。当 $w=1$ 时，$|r_t|_{min}=1$，此时的情况是买入/卖出的数值仅比卖出/买入的数值多 1。在模型中，可具体分析不同的 w。如果考虑市场噪声的话，$c_{t+1} \sim N(n_0/|r_t|, \sigma_c^2)$，其中，N

表示正态分布且 $\sigma_c^2 = b \cdot n_0 / |r_t|$ 可量化是因为外部新闻事件产生的市场噪声（Feng 等，2012）。

　　市场调查表明技术策略在不同的投资周期都是适合的，投资周期可以是一天也可以是一年，时间不等，而且大部分的技术策略更关注短期回报（Menkhoff，2010）。Marek 和 Roman（2011）利用基于主体的金融市场模型模拟了遵守技术面与基本面交易规则的主体如何决定他们的投机性投资策略。在该模型中，投机者可以彼此交互并据此改变他们的交易行为。当技术性交易者遇到基本面交易者时，如果意识到基本面交易比技术性交易在过去的回报表现更加有利可图，技术性交易者向基本面交易者转移的概率会大大增加。特别是对交易成本的研究发现，这种转移的概率会受到市场稳定性方面的市场外监管、总体交易量以及其他市场特征的影响而增加。在剧烈波动的市场条件下交易活动会增加，因为主体倾向于在较大的价格波动后进行更多交易。不同的技术策略对价格设置不同的阈值以引起交易决策（Cont，2007），因此，大的价格波动可能引发更多的交易。所以，日常交易的概率与过去的回报有直接关系。由于技术策略的很大一部分是采用短期投资策略的，过去几天的价格变动比过去一年的价格变动对当前价格有更大的影响。

　　模型构建主要是从投资者的经验行为出发，构建基于主体的模型可以从数量方面解释金融时间序列的厚尾分布以及长期记忆现象而不需考虑有限尺度效应（Finite-size Effect）（Irle 和 Kauschke，2011）。无论是基于主体的一体化建模方法还是随机过程模型，对金融时间序列的分析都遵循了技术交易者之间观点形成的相同机制。然而基于主体的建模方法侧重主要的市场机制，而随机模型更关注细节方面的研究。这两种方法的参数都是从具有详细行为解释的市场数据得来的，因此，有必要对金融市场这个复杂系统进行深入研究。各种经验特征的普遍性意味着潜在市场动态的主要机制。Feny 等（2012）提出这种机制是受使用技术分析的市场参与者驱动的，特别是过去的价格波动直接导致投资者交易决策的收敛或发散，反过来又会产生经验发现的"ARCH 效应"，主体投资观点的异质性导致了波动性的长期记忆。

二、基于主体的建模方法与资本市场行为分析

金融市场的研究一直围绕基于理性行为假说的分析框架展开，最早提出的有效市场假说认为，一个市场若完全有效的话，价格可以完全反映所有可能的信息。然而，许多研究者近年指出，真实市场似乎并不能表现出理性行为。理性模型也不能解释如流动聚集性与过度交易量等市场特征。此外，所谓的噪声交易者并不遵从任何的价格基本面方法来交易，尽管有效市场假说使我们相信可以这样。

1. 基于主体的建模思路

金融市场中研究主体行为的一些新路径并不是完全理性的。一种很有前景的研究技术是基于主体的建模方法对投资者相互作用行为的模拟应用。该想法是使用智能主体建设性地构建一个市场。这些主体可以代表市场上的各种实体，比如交易者、市场做市商、研究分析员以及投资者等。这些主体将以真实世界的方式相互作用，从而使我们可以模拟市场动态。

在基于主体的模型中，最有意思的现象来自群体层面而不是单个主体。建立基于主体的模型的目的是研究由许多（相对简单的）主体相互作用引起的涌现行为。同样地，在具体的建模中，我们更重视模型中的预测（虚拟市场价格），而不太关心单个主体。Shimokawa 等（2007）在行为金融研究的基础上，构建了具有前景理论特征的基于主体的投资者均衡模型，从缺乏市场流动性到规模效应的角度进行严格的解释，相比大型股，小型股能获得超额收益。

然而，对我们而言，了解主体的性质以及他们在与其所处的环境（市场）相互作用时他们的反应与交互是非常重要的。主体本身也会相互作用，不断改变自身对外界的态度以及应对措施。自适应建模是适应性建模分析方法的另一个侧重面，自适应建模主要包括两个部分：基于主体建模与交易系统。简而言之，基于主体建模接收报价并产生价格预测，而交易系统则在一个新的交易信号到来时，基于预测与用户的交易偏好来决定是否应该接收该交易信息。自适应建模分析思路如图 5-1 所示。

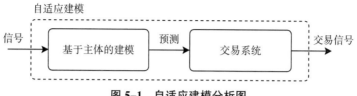

图 5-1 自适应建模分析图

2. 机构投资者与个人投资者行为分析

为便于分析资本市场的复杂投资行为，可将市场上的投资者分成机构投资者与个人投资者两类，但对资本市场的交易行为有一些约束：其一，操纵卖空。机构投资者通过卖空可以了解到市场投机者的行为，投机者的目的是通过出售大量股票以降低股价。如果投机者短缺的话，即使在没有信息的前提下，仍然可能使为避免更多损失的个人投资者做出卖出决策。为此，应避免机构投资者进行市场内幕操作，杜绝混淆市场行情的投资行为发生。其二，非理性交易者的存在。一般而言，只考虑非理性因素的交易者的行动往往会脱离上市公司基本面，这些会导致交易者的损失从而使其从市场上消失。机构投资者往往会综合考虑上市公司的总体运营情况，结合当前市场环境，慎重做出投资决策，个人投资者因掌握的信息相对有限，则会更多关注市场外部环境，因上市公司的高层管理者往往会选择发布利好消息，规避利空消息，对于未能深入挖掘公司真实运营情况的个人投资者而言，其投资决策往往缺乏很好的信息基础。其三，邻居效应。不论是机构投资者还是个人投资者，他们在具体投资决策过程中往往会受到自己邻近的邻居影响（"邻居"指的是在资本市场上有投资而且关注投资的朋友或同行）。接下来分析机构投资者和个人投资者哪一方受其他投资者影响大。假设每位投资者都有 m 位邻居投资者，投资者除了关心上市公司运作情况与整体市场行情外，也会受到周围投资者决策的影响，投资者之间的相互影响往往被研究者忽略，在此充分考虑机构投资者与个人投资者之间以及他们与他们周围的投资者朋友之间投资决策的相互作用。

机构投资者与个人投资者都会通过二级市场价格波动寻找新的信息，并利用这些信息指导决策行为。这种做法可追溯到 Hayek，他认为价格是信息的有效来源（Hayek，1945）。金融市场是许多具有不同信息的投机者交易的地方，他们试图从自己所拥有的信息中获利。价格聚集了这些不同的信息，并最终反映了公司价值的准确估值。真正的决策者（包括公司经理、资金提供者、公司董事、客户、监管机构以及公司员工等）将会研究这些信息并利用它指导决策，反过来这些决策又会影响公司的现金流与价值。因此，信息的传播，使金融市场的发展有显著的效果。

资本市场关心的核心主题是价格效率（Price Efficiency），一定程度上市场价格是交易资产价值的表现形式。金融经济学家通常认为价格效率是值得关注的，因为市场价格指导真实的投资决策。因此，信息价格优于决策，价格效率促进了真正的投资效率。例如，Fama 和 Miller（1972）提到，有效市场具有一种非常理想的特征，特别是在任何时间点上，证券的股票价格都可以为资源配置提供准确的信号；也就是说，公司可以做出生产投资的决策。这种看法显然是中立的：如果价格是有效的且各种信息集中体现，那么实体部门的只拥有部分信息的决策者就会想方设法从价格方面了解更多信息。市场价格包含各种信息，甚至包含与公司现金流毫无关系的事件。Roll（1984）的研究表明，相对传统的气象预测而言，期货市场可以改善天气预报；而大量有关预测市场的文献表明市场为预测选举结果提供了最有效的机制（Wolfers J. 和 Zitzewitz，2004）。

资本市场上主要的投资类型按规模可分为机构投资者与个人投资者，这两类投资者彼此影响。机构投资者因为拥有强大的信息优势往往对市场的发展趋势具有比较完整的把握，而个人投资者的投资决策相对灵活，但在信息方面相对处于劣势。分析资本市场上这两类投资者的行为非常重要，通过计算实验建模分析可为我国资本市场的健康发展提供必要的建议。机构投资者往往可以从二级市场的价格走势迅速地了解新信息（个人投资者也能从二级市场股票价格的变动得出信息，但他们往往容易受个人情绪的影响，对当前行情的判断并不十分准确），而机构投资者因为拥有强大的研究团队，有机会挖掘并掌握更多的内部消息，可以通过多渠道获取并归纳信息，从而减少投资失误。在任何情况下，机构投资者与个人投资者都能从股价获取信息，价格可认为是信息的一种可靠来源。

机构投资者的投资理念一方面需要保证投资价值，另一方面需要考虑客户的利益，尽可能减少损失，规避风险，提高收益。假设机构投资者的行动与客户利益息息相关，个人投资者的投资行为主要对其本身负责即可。机构投资者与个人投资者的投资行为并不是完全理性的，他们获取及运用信息的能力存在显著差异。例如对某一特定上市公司股票价格波动的分析，假设股票价格是公司实际运营情况的真实体现，机构投资者与个人投资者可以通过股票价格的变化来研究并调整投资策略。如果价格能够很好地反映上市公司运营情况，股票价格对外界信息的变化主要是通过机构投资者与个人投资者买入或卖出股票的行为实现的。

第二节　资本市场基于主体的建模分析

基于主体的建模包括基本的一群主体，一个虚拟市场，该虚拟市场中的主体可以交易股票。一个主体可以看作是一个自治实体，代表一个具有个人资产（现金或者股份）以及个人交易策略的交易者或投资者。

模型经过初始化后，新模型通过对它接收的信号执行常规循环开始演化，具体的过程如图 5-2 所示。

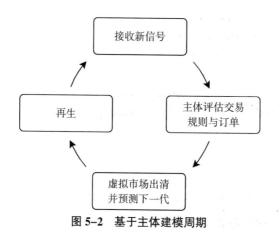

图 5-2　基于主体建模周期

在一些信号被接收以后，主体能够根据他们的交易策略置换新的订单或者保持不变。在所有主体评估他们的交易策略之后，虚拟市场决定出清价格，执行所有可操作的命令并释放下一阶段的价格预测。最后，新主体的再生以及置换（通过演化操作比如交叉与突变）能够进行。

注意，在大部分情况下（取决于模型的参数设置），基于主体的一体化模型并不是一个封闭的经济体。由于主体的替换，模型中资金的总数量可能会有所不同。在整个模型构建过程中，需要不断考虑各个参数的变化给系统带来的新变化。资本市场上基于主体的建模分析可以将投资者看作是具有思想的能够主动依据外界条件变化做出策略的个体在虚拟条件下实现股票交易的模拟分析。

一、投资者类型建模

本书侧重分析机构投资者与个人投资者在信息获取、信息识别等方面的差异以及由此造成的投资效益的差异分析。信息不对称的存在使各类投资者在投资决策时所拥有的信息相差很大，而信息本身的不对称分布又给各类投资者对信息的接收以及处理带来诸多挑战。投资者需要甄别市场上各类利好、利空消息，而这些消息的释放与传播存在严重的信息不对称。在股票市场上，可以将信息分为两类：公开信息与私有信息。公开信息指的是国家层面的、向大众公开的各项与股市相关联的政策变动以及证券监管部门对各上市公司所要求提供的公开信息；私有信息通常指的是上市公司企业高管所掌握的内部消息，或者说只在小范围内被传播的信息。资本市场中投资者的决策动机一方面来源于自身利益的追求，另一方面主要是挑战投资者掌握及运用信息的能力，信息反过来又会影响市场行情，如此反复，投资者需要不断地完善个人投资知识并提高信息处理能力。

该模型主要分析机构投资者与个人投资者在股票市场上的投资行为差异。为便于模型构建，模型中假设有 n 家上市公司，随时间 t 变化的股票价格为 p_t，假设机构投资者 I 拥有的资产为 W_I，个人投资者 i 拥有的资产为 W_i，模型中可假设 $W_I > W_i$，以验证资产雄厚者对股市信息的认知敏感性。信息分为两类，公开信息 Inf_{public} 与私有信息 $Inf_{private}$，机构投资者拥有强大的信息研究团队，而个人投资者获取信息的能力较弱。不同类型的投资者的信息成本 Inf_{cost} 相差很大，虽然机构投资者具有强大的信息优势，但其为信息所付出的成本 Inf_{cost} 较之个人投资者也是较大的。该模型主要考虑的 Inf_{cost} 大小，对 Inf_{cost} 相对各自的投资回报的比例尚未深入研究，在后续的计算实验部分进行了初步探讨。

二、投资者对政策与市场基本面的响应分析

本书模型的构建基础主要是受 Vaga（1990）协同市场假说与 Johansen 等（2000）的市场临界状态以及虚拟金融市场模型的思想方法的影响。该模型建立在这些模型的基础之上，但有几个创新之处，第一，着重考虑机构投资者与个人投资者的异质性行为；第二，结合中国资本市场实际分析投资者的行为特征等；第三，考虑将信息分为公开信息与私人信息两类以分析投资者的反应速度与投资决策。特别地，在模型中采用二分法，将投资者分为理性交易者与噪声交易者、知情交易者与非知情交易者[1]，可以假设所有的交易者都是知情的、非理性的且异质的。在该模型中我们引入了一个耦合参数，该耦合参数因人而异，它受交易者的个人心理、大众行为以及消息的影响，大多数的模型参数，价格动态以及回报动态与真实市场密切相关。这也使我们的模型分析比羊群效应更复杂。

为了深入理解该模型，我们需要再次强调模型的理论基础：主要是对交易者行为作出假设，通过有效市场假说可知，价格可以反映金融市场上交易的资产价值的全部信息，也就是说资产价格从来不会高于或者低于资产本身的价值。自 20 世纪 60 年代以来，有效市场假说与非经典经济学理论密切相关，仍然是主流理论金融学的主要假说。但对目前金融市场出现的各种异象，有效市场假说并不能很好地进行解释。资产价格的波动似乎

---

[1] 一般交易主体分为知情交易者、非知情交易者以及噪声交易者三类，主要是因为交易主体各自所拥有的信息不同，期望不同，对股票收益的分布便有不同的判断，从而产生不同的决策。

比理论预期的更大，崩盘以及投机性泡沫比预期的更加频繁，比如元月效应、星期一效应、小公司效应等。在该模型中我们着重考虑波动性方面，波动性对金融市场中的风险评估与风险控制等问题非常重要（Jorion，2006）。

投资者往往会对政策面与市场基本面非常关注，根据投资者的类型，其反应程度不一。机构投资者往往对市场基本面与政策面的分析较为全面，而个人投资者的行为与投资冲动受外界的因素影响较小，容易过度相信自我的判断。无论是机构投资者还是个人投资者，都可假设他们是有限理性且异质的。分析的关键主要是看机构投资者与个人投资者的整体抗风险能力与投资效益。

第三节　不对称投资行为与典型化事实的建模分析

不对称投资行为的产生源于投资者之间的异质性。不对称投资行为的表现形式多种多样，结合具体的证券市场分析，考虑到第四章中对投资者认知层次的分类方式，现对投资者的各种类型进行建模比较分析，以揭示投资者之间经过市场相互作用后影响整体市场的运作方式。

一、我国资本市场典型化事实分析

与其他成熟市场的发展模式不同，我国资本市场是在政府与市场的共同推动下逐步探索和发展起来的。股份制的试点是资本市场出现的直接原因，20 世纪 80 年代中期，少量企业开始自发地向社会或企业内部发行股票或债券进行集资，随后形成了"股票热"。相对西方发达国家的资本市场而言，我国资本市场的发展历程非常短暂，还处于发展的初期阶段，从 1990 年 12 月开始，沪深股市刚刚步入第 29 年的发展成长期，我国作为世界第二大经济实体，资本市场在融资方面具有非常强大的发展前景。但是，资本市场相关制度与实施规则并不成熟，上市公司中国有企业所占比重仍然较大；很大一部分学者在对我国股市分析研究中认为当前的股市仍然是"政策市"；相对于处在快速发展的市场经济中的投资者而言，我国普通投资者的投资渠道较少，形成了股市、房地产、艺术品投资以及高利贷聚集的情况，从而影响了投资方面的制度设计与文化形成。

从各个角度而言，我国资本市场所表现出的特征与我国实体市场的发展现状非常吻合。目前，我国市场经济的地位在国际市场方面尚未被完全承认，国内经济发展态势良好，但存在的诸多问题亟须解决，比如城乡发展水平差距大、收入分配不均程度日益恶化、资源破坏严重、重复建设拉动 GDP 等现象。我国资本市场的监管部门通常会采取相关的措施推动股票市场、债券市场等积极健康发展，正确处理好政府与市场之间的关系，只有从根本上解决这些问题，才能期望我国经济的持续健康发展。资本市场的健康发展对国民经济健康稳步发展的意义重大。在市场经济发展过程中，资本市场起到了将金融资本转化为实际资本的作用，主要表现为：第一，资本市场可吸收许多不被用于消费的金融资本，以满足投资的需要；第二，资本市场可以通过市场价格，使资金供给者与资金需求者之间达到某种平衡；第三，资本市场可以通过资本流动，将资本带到最可能有效的投资领域；第四，资本市场的资本可通过资本需求者之间的竞争被投放到最有效的领域，这样可以增加整个国民经济的财富，优化资源配置。

我国资本市场的发展历史非常短暂，需要不断地完善与发展。目前，我国资本市场主要是沪市与深市，两者在我国建立现代企业制度、推动经济结构调整、优化资源配置以及传播市场经济理念等方面，起到了十分重要的促进作用。我国资本市场呈现了过度波动、波动性聚集以及尖峰厚尾等现象，而金融资产回报表现为厚尾分布与长期记忆是众所周知的典型现象。

1. 过度波动

过度波动是指金融市场上股票价格超出了正常的价格区间，与股票的真实价值相差很大，市场存在泡沫。从理论上说，股票价格应该是上市公司价值的真实体现，与真实价值的偏离可看作是不合理的。但因为资本市场的复杂多变性，股票价格受到多方面因素的影响，如政策变动、公司管理层以及天气变化等，这些因素都会使股票价格发生较大的波动。过度波动还表现在股票价格的剧烈变化，并不能为新发布的利空或利好消息所解释。

有效市场假说并不能解释过度波动现象，市场并不是有效的，股票价格也不可能始终都反映真实价值，短期内股价的小幅波动对市场的冲击可忽略不计，但如果存在持续膨胀的股价泡沫就可能给实体经济带来巨大的灾难。投资者对股市行情的判断往往会受到外部情绪的影响甚至误导，我国股市主要通过盈利能力、成长性以及宏观经济三个方面向投资者传递信息。

某些投资者为了获取超额利润，经常会借助新闻媒体等对某些股票进行炒作，造成公司未来股票价格高涨的假象，从而给投资者带来负面影响。造成股市过度波动的因素很多，为了避免股市过度波动，首先必须规范股票交易市场环境，我国证监会可以从制度入手，规范机构投资者与个人投资者的投资行为，净化证券市场投资环境，从而提高我国资本市场的融资能力与投资效益。

2. 波动性聚集

自 20 世纪 60 年代起，研究者开始关注股票市场波动性聚集的情况。波动性聚集指的是波动率的方差在时间上不是均匀分布的，可能随着时间发生较大的变化，Mandelbrot（1963）曾指出，"大波动往往倾向于伴随着大波动——或正向的或反向的，而小波动往往倾向于伴随着小波动"。这种现象很可能是源于外部信息对投资者的心理作用，从而造成对股价的持续冲击。

一般检验波动性聚集的方法是相关函数法，相关函数是不同间隔的观测值之间相关性的度量。给定离散时间序列的 N 个观测值 x_1, x_2, …, x_N，可以构成 N－1 对观测值 (x_1, x_2), (x_2, x_3), (x_{N-1}, x_N)，可以将每对观测值中的两个数据看作是两个变量，那么 x_i 与 x_{i+1} 之间的相关系数为：

$$\rho_1 = \frac{\sum\limits_{i=1}^{N-1}(x_i - \bar{x}_1)(x_i - \bar{x}_2)}{\sqrt{\left[\sum\limits_{i=1}^{N-1}(x_i - \bar{x}_1)^2 \sum\limits_{i=1}^{N-1}(x_{i+1} - \bar{x}_2)^2\right]}} \tag{5-2}$$

其中，$\bar{x}_1 = \dfrac{\sum\limits_{i=1}^{N-1} x_i}{N-1}$ 是前 $N-1$ 个观测值的平均值，$\bar{x}_2 = \dfrac{\sum\limits_{i=2}^{N-1} x_i}{N-1}$ 是后 $N-1$ 个观测值的平均值。当样本量很大时，$\bar{x}_1$ 与 $\bar{x}_2$ 近似，故式（5-2）可简化为：

$$\rho_1 = \frac{\sum\limits_{i=1}^{N-1}(x_i - \bar{x})(x_{i+1} - \bar{x})}{(N-1)\sum\limits_{i=1}^{N}(x_i - \bar{x})^2/N} \quad (\bar{x} = \sum\limits_{i=1}^{N} x_i/N) \tag{5-3}$$

当 $\dfrac{N}{N-1} \to 1$ 时，式（5-3）可改成 $\rho_1 = \dfrac{\sum\limits_{i=1}^{N-1}(x_i - \bar{x})(x_{i+1} - \bar{x})}{\sum\limits_{i=1}^{N}(x_i - \bar{x})^2}$。

类似地，滞后 k 阶的观测值之间的相关系数如下：

$$\rho_k = \frac{\sum\limits_{i=1}^{N-1}(x_i - \bar{x})(x_{i+k} - \bar{x})}{\sum\limits_{i=1}^{N}(x_i - \bar{x})^2}$$

其中，ρ_k 表示滞后 k 阶的自相关系数。

通常可以通过计算自协方差系数序列 $\{c_k\}$ 来计算自相关系数，滞后 k 阶的自协方差系数的定义为：

$$c_k = \frac{1}{N}\sum\limits_{t=1}^{N-K}(x_i - \bar{x})(x_{i+k} - \bar{x})$$

故自相关系数的计算公式为 $\rho_k = c_k/c_0$，$k = 1, 2, \cdots, m$（$m < N$）。由自相关系数相对滞后阶数 k 得出的图形叫作自相关函数图，能够从直观上判断一组数据的性质，例如非平稳性与短期相关性等。

假设市场处于一个波动率较低时期，即收益率的振幅较小，那么投资者更新个人的信念值也会较小，而对于外部的公开信号将更为敏感，这时对市场的需求量就会增加，股票价格的变动幅度较大，因此，收益率也随之上升。反之，如果市场处于波动率较高的时期，那么投资者更新个人的投资信念值也会较大，因而对外部信号不太敏感，此时往往容易造成投资者懒惰现象，市场收益率的绝对值下降。

3. 尖峰厚尾

尖峰实际上是统计学上的一个概念，表示某个随机变量在其均值附近的概率分布密度取值要大于正态分布的理论值。从经济学的角度来看，价格波动的过分密集可导致这种现象。当金融市场上股票的价格出现激烈变化且这种变化持续足够长一段时间，对价格序列进行分析便可发现波动聚集现象，在均值附近的持续聚集就可导致"尖峰"现象。

厚尾是指价格收益率在尾部的概率分布密度要大于正态分布的理论值，从而形成一个尾部"更厚"的形态。从统计学上的意义来看，如果某个随机变量的概率密度函数是以指数函数形式衰减，则为薄尾型分布，如果随机变量的概率密度函数是以幂函数形式衰减，则为厚尾分布。正态分布一般认为是薄尾型的。厚尾现象往往是当大量的价格波动现象在尾部以成堆方式出现并聚集起来时才会呈现。厚尾现象说明金融资产收益的极端变动并不服从某种分布的假设，其发生极端变动的概率往往要远大于同条件下正态分布的概率。

尖峰厚尾现象是资本市场典型化事实的具体表现，为更好地解释此类现象，需要运用计算实验方法进一步分析资本市场的实际运营机制与投资者行为。

二、复杂投资行为与典型化事实的建模分析

资本市场投资者的行为与典型化事实的产生密切相关。可以说投资者的复杂行为决定了资本市场的典型化事实。根据前述对资本市场典型化事实的分析可知，成熟型投资者对市场的认知程度较深，而幼稚型投资者容易盲从他人对市场的判断，当市场上两类投资者所占的比重相差悬殊时，

资本市场的整体表现迥异。通过计算实验研究这两类投资者在市场上所占比例，探析这两类投资者的数量处于什么比例时。市场整体运作的效率最高，避免出现市场行情过度波动等典型化现象。

投资者的投资行为往往会受到周围同事、朋友的影响，为全面考虑行为与典型化市场的对应关系，可假设投资者生活在一个投资社区里，其投资决策受周边朋友、同事的影响；而且也可综合分析个人投资者与机构投资者之间的相互影响。

资本市场上投资者的行为是有差异的，我们引入异质性来刻画投资者之间的差异，正因为投资者异质性的存在，他们之间才会产生相互影响。相互影响的行为用交互性来刻画，大量投资者相互作用、相互影响后往往会产生宏观层面上的涌现现象，通过计算实验揭示投资者行为与典型化事实之间的关系，从而更好地指导投资者行为，如图 5-3 所示，是该分析的流程图。

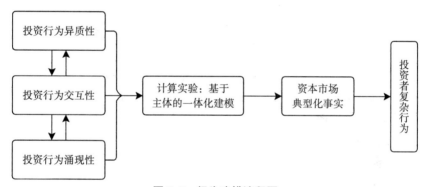

图 5-3　行为建模流程图

投资者之间的异质性以及行为表现的差异性，导致了资本市场典型化事实的涌现，而计算实验中基于主体的一体化建模方法是沟通这两者的工具。反之，从宏观层面上观察经济涌现行为，又可以更深入地分析投资者的异质性行为。

金融市场的价格形成与均衡机制一直都是金融学家关注的热点。自上而下的理论与实证分析方法是常用的研究手段，而基于主体的计算实验金融的研究方法是将金融系统作为复杂适应系统研究范式的具体体现。通过底层主体间的反复交互作用以及他们之间不同的学习模式，自下而上地自发涌现出许多宏观现象，以动态而非静态、进化而非固化、非线性而不是线性的观点来重新审视金融系统。深入微观主体行为分析研究宏观复杂现象，这更符合金融系统发展演化的实际，同时给现代金融学的研究提供了一个全新的研究视角与方法（隆云滔和王国成，2012）。

第四节　计算实验模拟分析

近年来，大量计算机专家、物理学家以及经济学家探索如何将诸多先进的计算技术应用到社会科学、经济生活领域，从而更好地服务人类社会的经济生产活动。Samanidou 等（2007）分析了近十几年来金融市场中基于主体建模的发展以及未来可行的研究方向。计算实验中基于主体的一体化建模技术为全面分析资本市场微观个体复杂投资行为提供了可行途径。资本市场上投资行为的复杂多样性难以用传统的计量金融方法刻画，本书试图通过计算实验构建一体化模型，抽象归纳影响投资者决策的因素。模型设计中特别考虑投资者行为的异质性因素，将投资者分为机构投资者与个人投资者两大类设计资本市场实验；计算实验为探索微观个体行为与宏观复杂涌现现象之间的路径提供了方法，特别是 NetLogo 软件平台的应用，使计算实验方法在资本市场上的研究推广变得实际。

一、计算实验设计原理与目的

通过基于主体的一体化建模的计算实验方法，构建基于真实投资者行为的计算实验模型，分析机构投资者与个人投资者在虚拟场景下的交易策略。随着交易时间的推移，观察股票的对数价格、回报以及波动性的变化，侧重分析机构投资者与个人投资者所占市场份额在完全受控与不完全受控两种情况下资本市场典型化事实的变化情况，本书研究了用股票的对数价格、回报率以及波动性，并对机构投资者与个人投资者所占市场份额与数量进行动态分析。计算实验注重分析具有异质性因素的投资者模型，在实验过程中，结合资本市场真实数据抽象出的参数范围，通过调整模型参数，挖掘影响机构投资者与个人投资者的各项因素。

计算实验主要是从微观投资者视角认识资本市场宏观复杂涌现现象，分析机构投资者与个人投资者所占市场份额，验证合理扩大机构投资者的规模利于稳定资本市场发展，保证个人投资者的市场规模有助于活跃市场气氛，发展多元化市场利于巩固市场地位。预计的实验目的主要在于：第一，确定机构投资者与个人投资者的市场结构比例，利于资本市场的整体和谐发展；第二，分析资本市场在完全控制投资者市场份额与不完全控制投资者市场份额条件下，微观投资者行为对资本市场宏观复杂典型化事实涌现现象的影响；第三，在现行计算实验条件下，尽可能结合人类真实主体实验数据，对比分析 HS 与 CA 实验，以便更好地联系金融实务进行全面分析。

计算实验的发展对推动一体化建模技术在资本市场的研究应用将大有用武之地，特别是随着高新计算技术的发展与博弈实验的推广，计算实验在实务部门的应用会越来越广泛。本书通过计算实验构建一体化模型分析投资者的决策行为与影响因素，以期更好地服务资本市场的全面发展。

二、计算实验的模型设计与技术路线

本书主要是在 NetLogo 模拟环境下，对资本市场上的投资者行为进行多维度仿真实验。模型主要是基于 Iori（2002）的模型构建思路展开，构建一个 N×N 的二维世界，假设这个二维世界中有 M 个投资者，投资者分为机构投资者与个人投资者。投资者的投资决策与他/她周边朋友的情绪密切相关，模型中主要考虑与投资者最近的 k 个邻居，令投资者的投资策略为 $s_{(i,j)}(t_k)$，其取值范围：买入（+1）、持有（0）以及卖出（−1）；对消息或政策反映的初始化状态也分为三类，用 $I_{(i,j)}(t)$ 表示，即积极、中立以及消极，投资者的情绪通过最近邻对整个市场的投资者情绪造成影响。投资者的投资策略与其所拥有的资金密切相关，我们用 $F_i(t)$ 表示投资者 i 在 t 时刻的可用资金，初始状态时给投资者赋予一定的股票，第 i 位机构投资者的初始股票数用 S_{ins_i} 表示，第 j 位个人投资者的初始股票数用 S_{ind_j} 表示，根据股市实际入市资金在模型中设置比例分析。为便于模型分析，假设每个时间步主体只买入或卖出一个单位的金融资产。所有主体的策略等同于市场上的交易量（即供给和需求之和）。令价格 $p(t) = \{p(t_0), p(t_1), \cdots, p(t_n)\}(n \to \infty)$ 是生成的虚拟价格的时间序列。回报 $r(t_k)$ 与波动性 $\sigma(t_k)$ 由下式给出：

$$r(t_k) = \log \frac{p(t_k)}{p(t_{k+1})}, \quad k = 1, 2, \cdots, n, \quad n \to \infty$$

$$\sigma(t_k) = |r(t_k)|, \quad k = 1, 2, \cdots, n, \quad n \to \infty$$

在每个时间步内，投资者都会首先搜集其最近邻的情绪及投资决策以帮助自己做出决策。令 $I_{i,j}(t_k)$ 表示主体 (i, j) 在时间步 t_k 时从最近邻接收到的交易信息。在股票交易市场上，投资者仅拥有局部的交易信息，而这些交易信息深受市场上其他投资者的交易行为的影响。因此，虚拟市场上的投资者是只拥有局部信息的有限理性主体。主体 (i, j) 在时间步 t_k 时所获得的交易信息是：

$$I_{i,j}(t_k) = C_{i,j} \times I_{i,j}(t_{k-1}), \quad k = 1, \cdots, n$$

其中，$C_{i,j}$ 表示主体 (i, j) 从最近邻所获得的信息可信度。$C_{i,j}$ 是随机产生的且初始状态服从一致分布 $U(0, 1)$，随后则固定在某一个数值。为了构建投资者的异质性，我们用 $U_{(i,j)}(t_k)$ 表示投资者买入或卖出一个单位风险资产的个人偏好，保证主体不会自发地交易或者作出相同的决策，而且 $U_{(i,j)}(t_k)$ 是随机选择的且在初始状态服从 $U(-1, 1)$。比如 $U_{(i,j)}(t_k) = 1$ 表示主体 (i, j) 在时间步 t_k 倾向于买入一个单位的风险资产，而 $U_{(i,j)}(t_k) = -1$ 表示主体 (i, j) 在时间步 t_k 倾向于卖出一个单位的风险资产。令 α 表示投资者的预期参数，主体在概率为 α 时根据自己的偏好做出投资决策，同时在概率为 $1 - \alpha$ 时模仿邻居的决策。主体在时间步 t_k 从他/她的最近邻搜集的局部信息可以定义为：

$$L_{i,j}(t_k) = \frac{1-\alpha}{k} \sum C_{i,j}I_{i,j}(t_k) + \alpha U_{i,j}(t_k) \tag{5-4}$$

其中，k 表示主体最近邻的数量，在本模型中，我们设为 8，因此，投资者的决策不仅受最近邻投资者情绪的影响，也受到自己的个人偏好与预期的影响。在虚拟交易环境中表现的典型化事实与现实观察到的噪声项模型构建之间存在某些类似（Amilon，2008）。本书在 Iori（2002）基础上对不对称投资行为展开分析，基于机构投资者与个人投资者信息与资产的分布不同，观察投资者的微观动机与资本市场宏观典型化事实之间的内在对应关系。

除此之外，我们引入一个市场做市商，其作用是明确订单并调整价格，做市商被赋予一定水平的资金以及股票数量，而且同样服从卖空限制与长期买入，但是交易者不满足单位交易约束。主体的决策受特征噪声 v_i (t_k)[1] 以及最近邻投资者情绪的影响，投资者根据最近邻投资者情绪的综合影响以及个人预期 E_i 进行投资决策。在交易过程中，投资者不断地与周边最近邻投资者交换投资信息，并反馈投资情绪。$S_j(\tilde{t}_k)$ 表示将从其他投资者处获取的信息更新后传递给下一轮的信息，因此，每一轮投资者所获得的总信息 $Y_i(\tilde{t}_k)$ 为：

$$Y_i(\tilde{t}_k) = \sum C_{i,j}S_j(\tilde{t}_k) + Av_i(t_k) \tag{5-5}$$

其中，$C_{i,j}$ 与 $S_j(\tilde{t}_k)$ 均可表示投资者在决策过程中的不对称影响因素。投资者在每次决策过程中总是将 Y_i $(\tilde{t}_k)$ 与他/她的个人信息阈值 ξ_i (t_k) 相比较。

$$S_j(\tilde{t}_k) = \begin{cases} 1, & \text{if} \quad Y_i(\tilde{t}_k) \leqslant \xi_i(t_k) \\ 0, & \text{if} \quad -\xi_i(t_k) < Y_i(\tilde{t}_k) < \xi_i(t_k) \\ -1, & \text{if} \quad Y_i(\tilde{t}_k) \leqslant -\xi_i(t_k) \end{cases} \tag{5-6}$$

其中，$\xi_i(t_k)$ 最初服从高斯分布且初始方差为 $\sigma_\xi(0)$，均值为 0。主体的异质性通过阈值的分布表示。$\sigma_\xi = 0$ 时可分析交易者同质的情形。每个

---

[1] $v_i(t)$ 在区间 [-1，1] 之间服从均匀分布，可参考（Iori，2002）。

主体的 $\xi_i(t_k)$ 在交易期内可以保持常数，但可以随时间以股价波动的一定比例进行调整。初始化状态下，投资者的特殊信息大于个人信息阈值时将会做出买入或者卖出的决策，根据式（5-6）影响最近邻投资者的情绪。每个投资者的决策都按照式（5-4）、式（5-5）与式（5-6）进行交易，可以假设 $v_i(t_k)$ 与 $\xi_i(t_k)$ 保持不变，$Y_i(\tilde{t}_k)$ 与 $S_i(\tilde{t}_k)$ 不断迭代直到对每个投资者都收敛到 $S_i(t_k)$，在模拟中这种收敛效果总是可以实现的，$S_i(\tilde{t}_{k+1})$ 可由下式给出：

$$S_i(\tilde{t}_{k+1}) = S_i(\tilde{t}_k)\frac{p(t_k)}{p(t_{k-1})}$$

市场做市商会搜集所有的买入、卖出订单，然后通过引入如下价格以修正需求与供给之间的不平衡。

$$p(t_{k+1}) = p(t_k)\times\left(\frac{D(t_k)}{S(t_k)}\right)^{\mu}$$

其中，$D(t_k)$ 表示时间步 t_k 的总需求，$S(t_k)$ 表示时间步 t_k 的累积供给。

如果决策过程收敛的话，交易者将订单同时提交给市场做市商，并以一定的价格进行交易，市场做市商决定时间步 t_k 的需求 $D(t_k)$ 与供给 $S(t_k)$。因为我们假设每个主体一次只能交易一个单位的股票，所以每个时间步 t_k 的交易量（供给加上需求）可由下式给出：

$$V(t_k) = D(t_k) + S(t_k) = \sum_{S_j(\tilde{t}_k)>0} S_j(\tilde{t}_k) + \left| \sum_{S_j(\tilde{t}_k)<0} S_j(\tilde{t}_k) \right|$$

参数 μ 用来衡量某个时间步 t_k 上市场交易的活跃度，可由下式给出。

$$M = \delta\frac{V(t_k)}{N^2}$$

其中，N^2 表示在任意时间步上可能的最大交易量，μ 与 δ 可由做市商任意调整以快速平衡供给与需求。

三、计算实验模拟

1. 模拟环境

本书是在 NetLogo 5.2 版本下进行的计算模拟实验。实验中涉及两类投资者，即机构投资者与个人投资者。机构投资者与个人投资者的初始化持股以及可用入市投资的资金分布服从厚尾分布，初始状态下机构投资者与个人投资者对股市持有的情绪倾向根据真实市场的数据观察得出，也可设置不同的实验场景分析投资者情绪对股市的影响；政策消息对股市的影响非常巨大，本实验中设计了政策敏感度参数 τ_{t_k} 与受最近邻影响的倾向度参数 ζ_{t_k}，在本轮实验中，令 $\tau_{t_k} = 0.67$，$\zeta_{t_k} = 0.31$，便于分析，我们设总人口数 N=500，初始投资者数量 N = 100，$\delta = 1$，$\mu = 0$，机构投资者与个人投资者在市场上所占比例用 $R_{ins_{t_k}}$ 与 $R_{ind_{t_k}}$ 表示，初始状态下 $R_{ins_{t_k}} = 0.3$，$R_{ind_{t_k}} = 0.7$，政策释放用 P_{t_k} 表示。此外，为保证该虚拟市场能够更真实地逼近现实，将投资者的比例控制（Perfect-control-investor-frac）设为两类：完全控制与非完全控制，在模型中设置开关键控制。实验界面如图 5-4 所示。

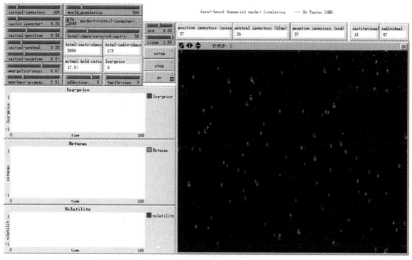

图 5-4　计算模拟实验 NetLogo 程序界面

2. 不完全控制情形下的实验结果

按照上述的实验规则，假设对机构投资者与个人投资者的市场比例在不完全控制状态下，实验关键参数取值为：$\tau_{t_k} = 0.67$，$\zeta_{t_k} = 0.31$，Initial-positive $= 0.38$，Initial-neutral $= 0.28$，Initial-negative $= 0.34$，$N = 500$，$N0 = 100$，$\delta = 1$，$\mu = 0$，$R_{ins_{t_k}} = 0.3$，$R_{ind_{t_k}} = 0.7$，Perfect-control-investor-frac=off。

经过约 2000 个时间步后，为便于比较分析，将机构投资者与个人投资者所持有的股份与可用资金的对照图进行分析，如图 5-5 所示。

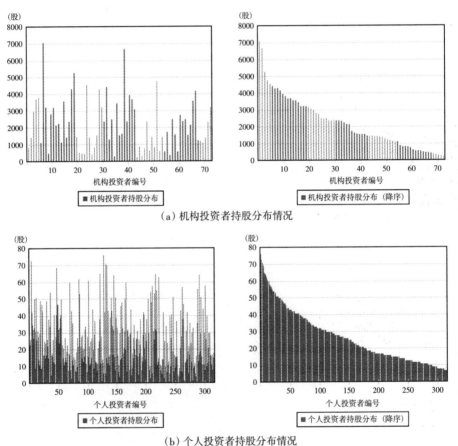

（a）机构投资者持股分布情况

（b）个人投资者持股分布情况

图 5-5 机构投资者与个人投资者所持股份与可用资金变化对照图

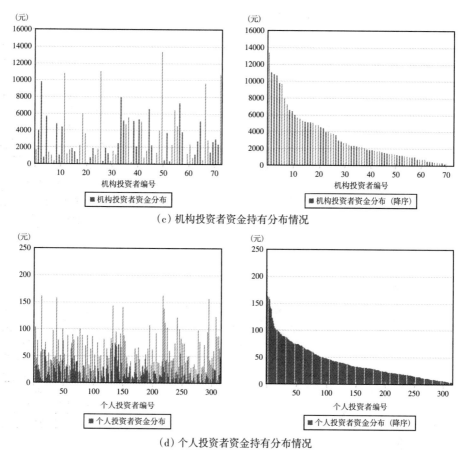

（c）机构投资者资金持有分布情况

（d）个人投资者资金持有分布情况

图 5-5 机构投资者与个人投资者所持股份与可用资金变化对照图（续）

如图 5-5 所示，机构投资者与个人投资者所持股份与可用资金均服从厚尾分布，股价波动在受外界信息影响下，价格的波动如图 5-6 所示，在市场环境正常化运作以及没有控制资本市场上机构投资者与个人投资者所占市场比例的情况下，机构投资者与个人投资者遵循一定的交易规则。随着交易的继续，双方所占市场份额将保持在比较稳定的状态，也就是说可对我国资本市场机构投资者与个人投资者的发展规模提供一定的实验性建议。

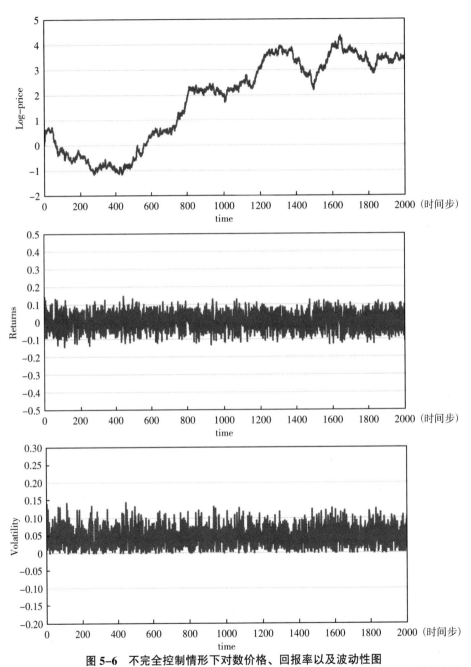

图 5-6 不完全控制情形下对数价格、回报率以及波动性图

注：本图表示不完全控制情形下股票价格、回报率与股票波动率随交易时间的变化。纵轴表示股票价格、回报率与股票波动率的波动区间，横轴表示交易时点。

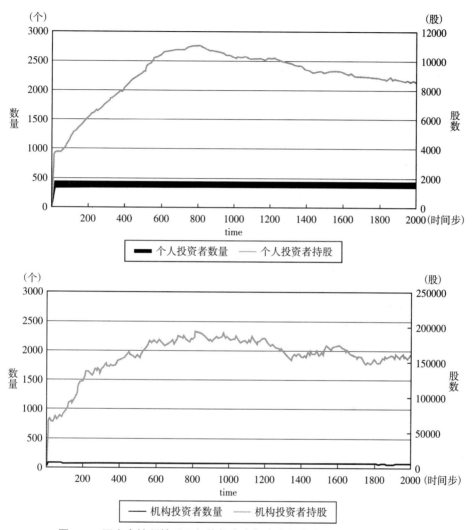

图 5-7 不完全控制情形下机构投资者与个人投资者的数量及持股情况

从图 5-7 可以看出，机构投资者趋于稳定，资本市场呈现投资机构化的趋势，机构投资者能发挥稳定市场的作用。

3. 完全控制情形下的实验结果

根据模型的设计，可以针对不同的情况进行模拟分析，假设对机构投资者与个人投资者的市场比例在严格控制状态下，实验关键参数取值为：$\tau_{t_k} = 0.67$，$\zeta_{t_k} = 0.31$，Initial-positive=0.38，Initial-neutral=0.28，Initial-negative=0.34，N = 500，N_0 = 100，δ = 1，μ = 0，R_{ins_i} = 0.3，R_{ind_i} = 0.7，perfect-control-investor-frac=on。

我们观察计算实验结果，运行时间与图 5-5 相同，具体如图 5-8 所示，将图 5-8 与图 5-5 进行仔细比较后得出，在资本市场上，在尚未严格控制投资者所占市场份额的情况下，市场波动趋于平缓，而在严格控制情况下，市场价格以及收益的波动性相对较大。在相关金融政策的约束下，市场的波动有时会出现较大的异常现象。通过这两者的比较可知，在一定市场规模条件下，机构投资者与个人投资者所占市场份额都是较稳定的。随着市场的运转，机构投资者因拥有较多的股份、强大的可用资金以及较强的抵抗风险的能力，在市场上处于优势地位，而且所持市场份额也相对稳定。

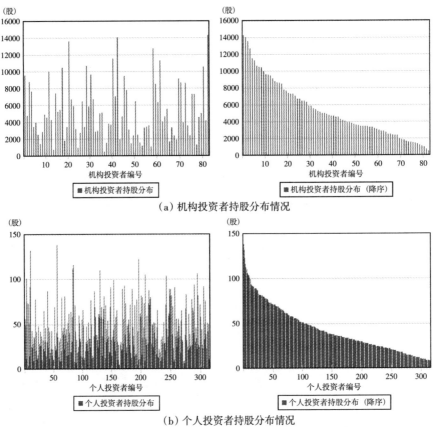

（a）机构投资者持股分布情况

（b）个人投资者持股分布情况

图 5-8　机构投资者与个人投资者所持股份与可用资金变化对照图

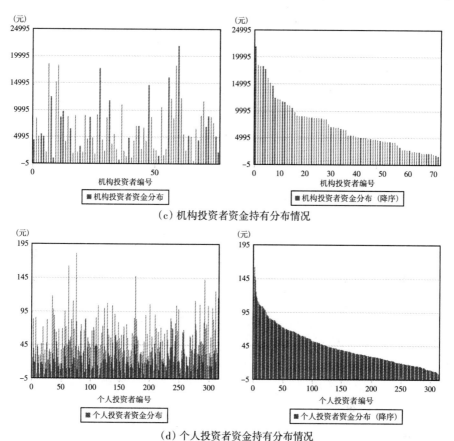

（c）机构投资者资金持有分布情况

（d）个人投资者资金持有分布情况

图 5-8 机构投资者与个人投资者所持股份与可用资金变化对照图（续）

为便于分析完全控制的情形，将对数价格、回报率以及波动性图单独列出来，如图 5-9 所示；市场上机构投资者与个人投资者所占市场份额如图 5-10 所示。可以明显看出，市场趋于稳定运行状态下，机构投资者与个人投资者的市场份额也是相对稳定的。当前，我国资本市场上机构投资者与个人投资者的比例一直不稳定，即近年来机构投资者处于上升态势，而个人投资者则处于下降态势。

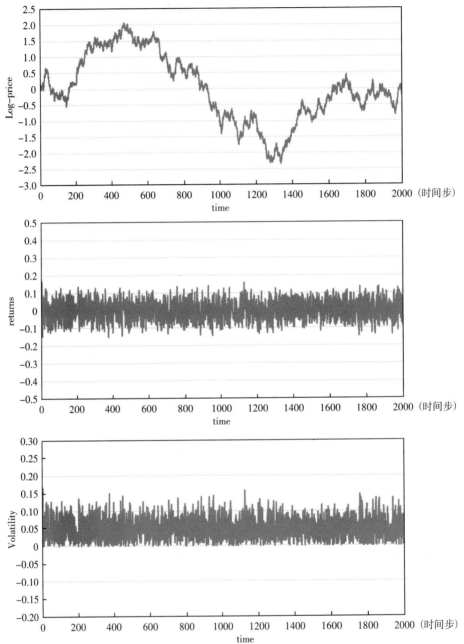

图 5-9 完全控制情形下对数价格、回报率以及波动性图

注：本图表示完全控制情形下股票价格、回报率与股票波动率随交易时间的变化。纵轴表示股票价格、回报率与股票波动率的波动区间，横轴表示交易时点。

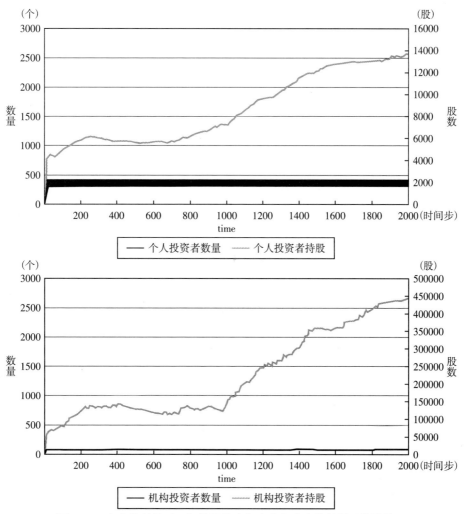

图 5-10　完全控制情形下机构投资者与个人投资者的数量及持股情况

注：本图表示完全控制情况下机构投资者与个人投资者所占市场比重的变化，横轴表示交易时点。

　　在完全控制情况下，机构投资者所占市场比例稳步快速上升，而个人投资者的市场份额增长趋于稳定（见图 5-10）。资本市场上的投资者行为分析极其复杂多变，采用计算实验构建一体化模型进行分析，通过计算实验，着重分析了机构投资者和个人投资者在不完全控制情形与完全控制情形两种情况下，市场对数价格、回报率以及波动率的变化情况，研究了机构投资者和个人投资者的可用资金变动与所占市场份额的调整。一方面，通过实际股市数据抽象模型参数，结合人类真实主体实验得出计算实验所需的参数范围；另一方面，可对当前我国资本市场的政策效果进行评估并提出相关建议，为金融决策提供技术支持。

第五节　计算实验金融在中国资本市场上的应用

计算实验在社会科学方面的发展推广，极大地推动了其在金融市场的研究与应用。计算实验金融学与计算实验经济学具有许多相似之处，与社会计算以及计算社会科学等新兴领域有着非常密切的联系。计算实验金融方法与传统的金融经济学研究方法不同，它不需要运用基于观测数据的实证手段，也不需要使用数理模型的逻辑推理，更多的是利用一类特定的"实验"手段以探寻金融现象背后的规律。

本书运用计算实验方法，结合我国资本市场投资者行为分析，深入挖掘机构投资者与个人投资者在信息处理及利用能力与回报收益方面的差异以及市场效应等，特别是构建计算实验金融模型，结合我国资本市场典型化事实，进一步分析资本市场的一体化建模方法。

计算实验金融理论可在既定的市场结构下，运用计算技术模拟资本市场投资者的行为，从而揭示市场宏观特性的微观成因。基于主体建模的计算实验金融理论在实际建模分析中主要考虑的因素有主体、交易、证券、演化、基准和时间六个因素。针对我国资本市场发展的独特性与所处的特定历史发展时期，计算实验金融建模方法为其提供了较好的研究分析工具，反之也促进了该方法本身的发展。

基于主体建模的计算实验金融方法是一种"自下而上"的金融复杂适应系统研究方法。该方法有利于从微观个体行为分析研究对宏观市场现象的影响；可通过实际交易数据检验所构建模型的结果，也可通过仿真研究金融市场所表现出的各种异常现象。当前，我国资本市场的发展尚处于上升摸索阶段，金融市场是一个不成熟的新兴市场，不但存在与西方发达资本市场相同的问题，也存在一些独有的特征；传统金融学理论并不能完全解决资产定价、风险管理、市场监管以及投资者行为认知等方面的诸多问题。目前，我国许多的专家学者结合我国市场的实际情况对相关理论进行了大量研究（宋逢明和李超，2007；张维等，2008，2010，2012；隆云滔和王国成，2012），为资本市场的发展提供了政策建议。

　　计算实验金融的优势将日益凸显，尤其是对处于快速发展阶段的我国资本市场而言，其具有广阔的研究前景，利用虚拟主体计算实验市场与人类真实主体实验相结合的方式进行深入研究，有助于推动我国金融市场的改革；反之，我国资本市场的不断成长壮大也将为计算实验金融方法的研究应用提供强大的发展源泉与广阔的探索空间。

第六章　总结与展望

全面研究资本市场复杂投资行为有助于深入探讨宏观复杂典型化事实，本书通过基于主体的一体化建模技术，构建投资者的计算实验模型，针对我国资本市场特殊投资环境，研究机构投资者与个人投资者的市场规模；在不同政策导向下，研究微观投资者的复杂行为决策与资本市场典型化事实之间的内在对应关系。本章主要是总结概括，给出相应的研究建议，并指出本书存在的不足与改进之处，对未来的研究方向进行展望。

第一节　研究结论

资本市场是一个典型的复杂适应系统，资本市场上表现出的非线性、高度耦合以及自组织行为等特点，难以通过传统的计量模型完全解释清楚。股票市场由许多市场交易主体的各种行为所构成，每个投资者都有各自的行为模式，而所有投资者的市场交易行为又形成了整体的市场环境，市场环境反过来又会影响每个投资者的市场行为，股票市场投资者行为与交易环境之间相互作用，形成股票市场的复杂演化动力行为。本书主要是通过对投资者的个体行为分析，寻找个体行为规律，由微观个体的群体行为来认知资本市场典型化事实。复杂适应系统的核心思想"适应性造就复杂性"，在股票市场上体现得非常到位。在复杂适应系统分析框架下，在具有异质信念的资产定价模型中，引入理性主体的基本标准，利用演化金融思想，对投资者异质信念进行分析。其中，对投资者情绪进行归类分析，改进投资者情绪模型，分析投资者情绪对投资策略的影响具有重要作用。投资者在"牛市"与"熊市"的情绪表现与心理变化因投资者个体的异质性而出现显著差异，不同投资者对不确定性风险与收益持有的态度迥异，往往出现"反应不足"或"反应过度"两种状态。

与其他传统的均衡模型相比，基于主体的一体化建模方法可以更广泛地研究非线性行为；政策制定者可以在不同的政策场景下模拟一个虚拟的经济体，并定量地探索各种结果。本书结合中国资本市场实际，基于主体的一体化计算实验金融方法构建的实验平台展开研究，并提出政策建议与评价，提供了一种新的研究思路。针对投资者的不同类型（机构投资者与个人投资者），设定各自的资产规模与持股份额以及各自对政策消息面的反应速度，从微观层面探索我国资本市场典型化事实与复杂投资行为之间的内在对应关系。本书主要在以下几个方面有所贡献：第一，在复杂适应系统思维框架下，利用计算实验金融方法分析投资者行为的异质性，详细论证信息不对称是导致不对称投资行为的根源，深化了对信息不对称和复杂投资行为及其相互关系的分析；第二，拓展了投资者情绪模型与认知层次模型的一些结论，引入异质性信念对不同类型投资者在"熊市"与"牛市"、对政策信号和市场基本面的响应及表现进行了验证解释；第三，通过计算实验金融分析，着重分析机构投资者与个人投资者的复杂投资行为，阐释人类社会复杂经济行为的产生根源于个体行为的异质性与交互性，为揭示微观个体行为影响宏观经济的机理提供新的研究思路与分析途径。

本书基于投资者行为构建了资本市场一体化模型，纳入异质性因素，针对不同层次的投资者进行模拟分析。我国在制定资本市场相关政策方面以稳定市场为前提，加大政策监管力度，合理扩大机构投资者的规模，机构投资者的合理市场占比有利于稳定资本市场的整体发展；关注广大个人投资者的利益，个人投资者在很大程度上能够活跃资本市场，提高资本市场的融资活跃度。在不同政策导向下，研究微观投资者的行为决策与资本市场典型化事实之间的内在对应关系，研究表明，在完全监管与不完全监管下，投资者市场行为影响不大。通过一体化建模技术构建的计算实验平台，可灵活分析各种市场情景，不断调试模型参数，使实验场景与市场真实交易场景接近，为现实资本市场的发展与投资者决策提供建议，因而计算实验金融方法对我国现代资本市场的发展具有深远的理论价值与现实意义。

第二节 建议及展望

资本市场迅猛发展，投资者对资本回报的要求以及行业发展对资本市场融资的需求等因素凸显了对资本市场研究的重要性与必要性。党的十八大报告提出了加快发展多层次资本市场的要求，进一步发挥资本市场在资源配置中的基础性作用，党的十九大报告指出要着力增强资本市场融入国家战略、服务实体经济能力，促进多层次资本市场健康发展。计算实验金融方法经过十几年的发展，特别是在资本市场构建一体化模型分析投资行为的研究时间不长，可挖掘与探索的空间巨大。可从计算实验建模技术方面进行完善，如模型的系统结构、高效的计算方法、可扩充的理论基础以及对计算模型的校准等。本书对投资者心理与情绪进行了大量分析，并针对不同投资者类型（主要是不对称投资行为）构建了一体化模型，但这一技术尚处于初级阶段，如果想真正完全通过计算技术来刻画反映投资者的心理与行为特征，探索投资者的认知规律以及其表达投资意愿的属性，还需要大量的研究工作；对真实市场的交易机制、资本市场监管以及政策约束等方面的研究尚处于起步阶段。

在复杂适应系统研究框架下，对资本市场的投资者行为构建一体化模型，从微观视角观察投资者个体决策如何影响宏观资本市场典型化事实，借助计算实验自下而上的建模思路，通过人类真实主体实验分析寻找一体化模型所需的参数及其范围，依靠计算虚拟主体在实际模型运行中得以实现，从而为投资者决策提供理论依据与实践指导。借助计算实验金融方法，我们可以对投资主体的异质性进行全方位的研究分析，根据金融市场的实际运转模式，对投资者进行分类，并根据投资者的特征，借助认知层次分析方法，从各个角度分析金融市场的政策与投资者的投资决策动机，有助于规范我国资本市场的实际运作。

计算实验金融与复杂适应社会系统相结合，人类真实主体实验与虚拟主体计算模型相结合的分析思路将为模型参数的选取范围、投资学习机制以及模型的校准工作提供新的研究思路。计算实验方法与传统的实验经济学方法以人机交互技术为基础的发展势必为计算实验金融形成一套新的研究金融市场、投资者行为与资产定价、风险管理等方面的计算金融理论与方法体系。

在 NetLogo 模拟环境下，可实现对计算主体的多重分析，涉及资本市场的投资类型、收益率波动以及衍生品定价等方面的研究将是计算实验金融关注的热点。通过创建包含多种风险资产以及具有不同风险偏好的投资者的仿真平台，更容易探索决定资产价格的基本因素，特别是横截面因子，为创建富有实质意义的资产定价理论提供条件，并且能够分析来自金融实践的挑战。结合现代行为金融理论与行为经济学方面对投资主体的行为假设，在有限理性范畴下，针对不同类型投资者进行系统性研究也是未来主要的研究领域。

计算实验金融与复杂适应社会系统在中国资本市场的研究具有广阔的发展前景。需要说明的是，限于现有的研究条件，特别是计算实验所需的数据目前无法全部获取，实验部分在联系实践方面暂且不够，这方面有很大的研究价值与应用前景；此外，对我国资本市场真实投资行为分析尚未能更为深入全面地展开探讨，如果能结合中国股市现实交易数据构建符合中国实际的投资者情绪模型，深入探讨投资者真实行为分类分析及其与市场波动之间的内在联动关系，将具有更多的实践意义，这些工作将在后续研究中不断深入地探索验证。谨希望本书的研究工作能对该领域的后续研究起到抛砖引玉的作用，为感兴趣的后续研究者提供一定的引导与借鉴。

附　录

附表 1　我国股票市场的总体情况

单位：家，亿股，亿元

年份	上市公司总数	上市股票总数	上市 A 股总数	总股本	流通股本	流通 A 股	总市值	流通 A 股市值
2018	3550	3632	3533	64026.397	55357.050	47758.021	571561.438	410481.713
2017	3485	3567	3467	61100.470	52188.747	44679.166	631832.557	447372.971
2016	3052	3134	3034	55983.365	48171.922	40839.290	557519.995	391046.461
2015	2827	2909	2808	50092.961	44017.901	36764.861	584464.410	415547.681
2014	2613	2696	2592	43931.081	39225.551	32144.725	428620.566	314765.074
2013	2489	2574	2468	40662.426	36714.845	29728.999	272499.640	198025.632
2012	2494	2579	2472	38487.682	31321.156	24501.159	267848.812	180141.839
2011	2342	2428	2320	36194.879	28806.119	22196.753	250115.896	163597.458
2010	2063	2149	2041	33281.668	25226.928	19157.128	305214.865	191040.653
2009	1718	1804	1696	26207.327	19719.878	13929.726	290727.179	149618.190
2008	1625	1711	1602	24378.224	12373.680	6699.450	148383.091	44551.041

续表

年份	上市公司总数	上市股票总数	上市 A 股总数	总股本	流通股本	流通 A 股	总市值	流通 A 股市值
2007	1550	1636	1527	22312.417	10181.627	4686.668	401296.955	90733.677
2006	1434	1520	1411	14847.462	5562.090	3222.210	103524.918	23697.274
2005	1381	1467	1358	7639.115	2924.327	2282.524	34953.616	10045.816
2004	1377	1463	1353	7163.775	2592.197	1997.414	39898.422	11015.473
2003	1287	1374	1263	6436.914	2281.116	1723.368	45647.312	12353.284
2002	1224	1311	1200	5877.556	2041.733	1510.299	40966.160	11756.634
2001	1160	1248	1136	5220.305	1819.093	1319.842	46328.629	13401.812
2000	1088	1174	1060	3802.298	1365.597	1085.566	50755.160	15619.239
1999	949	1031	923	3095.570	1080.411	814.236	28155.500	7970.511
1998	852	932	826	2536.349	864.323	610.710	20918.273	5586.121
1997	745	821	720	1951.603	674.252	445.770	18995.029	4882.159
1996	530	599	514	1218.681	425.005	268.369	10904.486	2525.812
1995	323	381	311	851.347	301.275	180.520	3939.275	797.467
1994	291	345	287	684.767	225.467	143.547	4052.384	811.251
1993	183	218	177	382.877	105.557	59.456	3657.076	655.779
1992	53	71	53	67.990	20.965	11.180	1060.050	196.635
1991	13	13	13	5.458	2.580	2.580	120.316	52.933
1990	8	8	8	0.973	0.469	0.469	23.822	9.824

注：2018 年数据统计截止到 2018 年 7 月 25 日。
资料来源：Wind。

附表 2　各省（市、区）融资规模

单位：亿元

省（直辖市）	总额	首发	增发	配股	可转债发行	可交换债
北京	27851.09	8511.71	11663.11	1323.35	1790.50	768.42
广东	15886.43	4153.92	9390.85	891.26	644.83	300.58
上海	13098.06	2630.05	8327.55	601.13	328.83	260.50
浙江	9362.90	2482.05	5955.16	138.33	350.47	288.40
江苏	9273.72	2515.25	5865.84	205.82	219.30	168.50
山东	4343.24	1168.65	2559.02	164.01	219.58	186.98
福建	3839.33	916.38	2092.57	464.84	55.05	50.49
湖北	3127.05	454.28	2349.01	199.91	82.75	41.10
四川	3032.37	603.51	2135.95	158.20	114.71	20.00
辽宁	3006.02	342.47	2244.09	265.99	97.00	56.47
新疆	2772.80	184.76	2388.97	169.26	10.00	19.80
安徽	2631.52	537.49	1913.29	44.90	70.77	65.07
湖南	2625.51	588.18	1825.41	106.61	74.91	30.40
河南	2568.82	531.22	1748.35	108.70	49.00	72.80
河北	2283.17	412.64	1667.17	97.36	37.00	69.00
陕西	2000.25	405.00	1468.03	91.21	36.00	—
天津	1602.17	454.22	1062.61	50.04	20.10	15.20
重庆	1554.19	265.94	1256.28	15.83	16.14	—
山西	1531.83	358.45	1114.39	41.19	3.40	14.40
内蒙古	1503.87	135.74	1235.62	60.26	36.75	35.50
海南	1365.48	179.86	1148.84	23.58	8.20	5.00
黑龙江	1223.11	278.45	862.40	54.77	27.50	—
吉林	1148.24	151.56	809.93	130.02	56.73	
云南	1143.61	167.97	837.34	127.70	10.60	—
广西	992.66	153.67	742.34	50.68	25.97	20.00
江西	948.15	149.65	696.66	41.35	36.88	23.60
甘肃	928.33	132.64	752.06	24.82	13.81	5.00
贵州	556.59	191.52	345.54	15.02	4.50	—

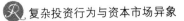

续表

省（直辖市）	总额	首发	增发	配股	可转债发行	可交换债
青海	477.71	92.42	366.14	8.64	4.90	5.60
西藏	296.04	76.67	205.75	3.62	—	10.00
宁夏	277.86	37.27	203.63	36.96	—	—

注：所有数据截止到 2018 年 7 月 25 日。
资料来源：Wind。

附表3 行业融资规模

单位：亿元

行业名称	总额	首发	增发	配股	可转债发行	可交换债
资本货物	18415.66	5466.43	10956.48	647.02	467.34	563.39
银行	16781.06	3529.84	4356.46	1836.88	1435.00	11.39
材料Ⅱ	15312.23	3106.52	10245.41	822.37	605.22	487.71
多元金融	7499.13	1505.78	5404.58	360.78	191.50	36.50
技术硬件与设备	7390.98	1851.21	5063.41	143.85	193.84	138.68
房地产Ⅱ	6716.24	410.51	5854.86	329.21	78.90	42.76
公用事业Ⅱ	5701.15	726.15	4290.50	263.85	310.35	110.30
运输	5343.48	1362.31	3562.72	150.29	159.20	74.95
能源Ⅱ	5330.39	2319.99	2317.08	66.42	241.00	385.90
软件与服务	4579.15	878.90	3566.71	60.42	42.80	30.32
汽车与汽车零部件	4347.13	935.94	3051.74	163.34	122.89	73.22
制药、生物科技与生命科学	4232.46	1235.82	2599.69	194.88	76.61	95.46
耐用消费品与服装	3526.18	1363.49	1906.49	176.10	15.80	64.30
食品、饮料与烟草	3344.18	981.90	2081.88	125.78	65.61	64.25
媒体Ⅱ	3222.07	598.01	2384.14	35.85	105.08	99.00
零售业	2814.42	340.97	2326.88	132.46	8.21	5.90
半导体与半导体生产设备	1769.62	442.16	1153.30	38.99	32.61	102.57
保险Ⅱ	1638.20	1013.62	290.47	4.11	260.00	70.00
医疗保健设备与服务	1516.91	266.78	1163.59	23.90	2.24	60.40
商业和专业服务	1175.68	399.44	737.99	27.78	5.97	4.50
消费者服务Ⅱ	870.81	152.34	680.95	17.08	11.00	9.43

行业名称	总额	首发	增发	配股	可转债发行	可交换债
电信服务Ⅱ	821.56	125.05	651.05	45.47		
食品与主要用品零售Ⅱ	698.61	176.12	463.25	42.36	15.00	1.88
家庭与个人用品	120.57	71.45	42.94	6.18		
全部	123167.88	29260.71	75152.56	5715.37	4446.17	2532.81

注：所有数据截止到 2018 年 7 月 25 日。

资料来源：Wind。

参考文献

陈平:《劳动分工的起源和制约——从斯密困境到广义斯密原理》,《经济学
　　(季刊)》2002 年第 2 期。

陈平:《新古典经济学在中国转型实验中的作用有限》,《经济研究》2006 年
　　第 10 期。

成思危:《复杂性科学探索》,民主与建设出版社 1999 年版。

董志勇:《实验经济学》,北京大学出版社 2008 年版。

高鸿桢,林嘉永:《信息不对称资本市场的实验研究》,《经济研究》2005 年
　　第 2 期。

高凌智:《长城证券市场情绪指标 (Gwsmsi) 的构建及应用——金融工程
　　研究专题报告》,长城证券,2012 年。

葛新权、王国成:《实验经济学引论:原理、方法、应用》,社会科学文献
　　出版社 2006 年版。

葛新权、王国成:《博弈实验进展》,社会科学文献出版社 2008 年版。

黄涛:《博弈论教程:理论·应用》,首都经济贸易大学出版社 2004 年版。

兰少华:《多 Agent 技术及其应用研究》,南京理工大学博士学位论文,
　　2002 年。

李律成、Petra Ahrweiler、熊航:《新熊彼特主义视角下基于主体的计算经
　　济学研究》,《经济学动态》2017 年第 7 期。

林树:《中国投资者行为的实验与实证研究》,复旦大学博士学位论文,
　　2006 年。

刘兴华、汤兵勇:《智能体建模和资本市场复杂性》,《管理科学学报》2005
　　年第 8 期。

隆云滔、王国成：《不对称投资行为的市场效应与计算实验研究》，《21世纪数量经济学》，社会科学文献出版社2012年版。

隆云滔：《不对称投资行为与资本市场典型化事实的内在关系研究》，中国社会科学院研究生院博士学位论文，2013年。

隆云滔：《系统科学视角下的政府与市场关系研究》，中国科学院数学与系统科学研究院博士后出站报告，2015年。

隆云滔、李洪涛、王国成：《基于主体的建模方法与宏观经济政策分析》，《经济与管理》2018年第2期。

米勒、佩奇：《复杂适应系统——社会生活计算模型导论》，隆云滔译，上海人民出版社2012年版。

苗东升：《系统科学精要》(第3版)，中国人民大学出版社2013年版。

钱学森、于景元、戴汝为：《一个科学的新领域：开放的复杂巨系统及其方法论》，《自然杂志》1990年第13期。

盛昭瀚、张军、杜建国等：《社会科学计算实验理论与应用》，上海三联书店2009年版。

盛昭瀚、李静、陈国华等：《社会科学计算实验基本教程》，上海三联书店2010年版。

施东辉：《中国股市微观行为理论与实证》，上海远东出版社2001年版。

石善冲、齐安甜：《行为金融学与证券投资博弈》，清华大学出版社2006年版。

宋逢明、李超：《股票市场涨跌停板设置的微模拟研究》，《运筹与管理》2007年第16期。

宋军、吴冲锋：《基于分散度的金融市场的羊群行为研究》，《经济研究》2001年第11期。

王诚：《从零散事实到典型化事实再到规律发现——兼论经济研究的层次划分》，《经济研究》2007年第3期。

王飞跃、曾大军、毛文吉：《社会计算的意义、发展与研究现状》，《科研信息化技术与应用》2010年第2期。

王国成：《让Agent活起来：基于主体行为的复杂经济建模计算及应用》，

《第二届全国社会计算会议论文集》，2010 年。

王国成、隆云滔：《社会经济复杂性的计算实验研究——基于 HS 与 CA 相结合的方法》，《第三届全国社会计算会议论文集》，2011 年。

王国成、隆云滔：《实验经济学学科综述》，《中国经济学年鉴》（2010），中国社会科学出版社 2011 年。

王国成：《计算社会科学引论：从微观行为到宏观涌现》，中国社会科学出版社 2015 年版。

王文举等：《博弈论应用与经济学发展》，首都经济贸易大学出版社 2004 年版。

王文举等：《博弈论应用于经济动态模拟》，中国社会科学出版社 2010 年版。

叶航、汪丁丁、罗卫东：《作为内生偏好的利他行为及其经济学意义》，《经济研究》2005 年第 8 期。

俞婕、刘晓娜：《招商期货市场情绪指数研究——市场情绪指数的构建方法与策略》，招商期货研究报告，2012 年版。

张涛、万相昱：《复杂适应系统下收入分配政策的动态评价：一个基于主体微观模拟模型》，《中国社会科学院研究生院学报》2012 年第 2 期。

张维、喻颖、张永杰等：《中国金融服务业的创新：新世纪的观察》，《系统工程理论与实践》2008 年第 8 期。

张维、张永杰、熊熊：《计算实验金融研究》，科学出版社 2010 年版。

张维、张海峰、张永杰等：《基于前景理论的波动不对称性》，《系统工程理论与实践》2012 年第 3 期。

张维、李悦雷、熊熊等：《计算实验金融的思想基础与研究范式》，《系统工程理论与实践》2012 年第 3 期。

Adam, K. and A. Marcet, "Internal Rationality, Imperfect Market Knowledge and Asset Prices", Journal of Economic Theory, Vol.146, No.3, 2011, pp. 1224–1252.

Adami, C., J. Schossau and A. Hintze, "Evolutionary Game Theory Using Agent-based Methods", Physics of Life Reviews, Vol.19, 2016, p.1.

Adrangi, B., A. Chatrath and K. K. Dhanda, "Chaos in Oil Prices? Evidence from Futures Markets", Energy Economics, Vol.23, No.4, 2001, pp. 405–425.

Albin, P. S., Barriers and Bounds to Rationality: Essays on Economic Complexity and Dynamics in Interactive Systems, Princeton: Princeton University Press, 1998.

Allan, R. J., "Survey of Agent Based Modeling and Simulation Tools", Science and Technology Facilities Council, Technical Report DL –TR –2010 – 007, 2010.

Allen, H. and M. Taylor, "Charts, Noise and Fundamentals in the London Foreign Exchange Market", Economic Journal, Vol. 100, No.400, 1990, pp. 49–59.

Amilon, H., "Estimation of an Adaptive Stock Market Model with Heterogeneous Agents", Journal of Empirical Finance, Vol.15, 2008, pp. 342– 362.

Anderson, J., Cognitive Architectures in Irrational Analysis, in K Van Lehn Architectures for Intelligence, Lawrence Erlbaum Associates, N.J.: Hillsdale, 1991, pp. 1–24.

Antoniou, A., E. C. Galariotis and S. I. Spyrou, "Contrarian Profits and the Overreaction Hypothesis: The Case of the Athens Stock Exchange", European Financial Management, Vol.11, No.1, 2005, pp. 71–98.

Arifovic, J., "The Behavior of the Exchange Rate in the Genetic Algorithm and Experimental Economics", Journal of Political Economy, Vol.104, No.3, 1996, pp. 510–541.

Arnold, L., Random Dynamical Systems, Heidelberg: Springer, 1998.

Arthur, B., Complexity and the Economy, Oxford: Oxford University Press, 2015.

Arthur, W. B., Y. Ermoliev and Y. Kamovski, Strong Laws for a Class of Path –dependent Stochastic Processes with Applications, in Arkin and Shiryayev and Wets (Eds.). Stochastic Optimization, Heidelberg: Springer,

1986.

Arthur, W. B., "Inductive Reasoning and Bounded Rationality", American Economic Review, Vol.84, No.2, 1994, pp. 406-411.

Arthur, W. B., J. H. Holland, B. LeBaron, et al., "Asset Pricing under Endogenous Expectations in an Artificial Stock Market", Social Science Electronic Publishing, 1997, Vol.23, No.9, pp. 1487-1516.

Ausloos, M., F. Jovanovic and C. Schinckus, "On the 'Usual' Misunderstandings between Econophysics and Finance: Some Clarifications on Modeling Approaches and Efficient Market Hypothesis", International Review of Financial Analysis, Vol.47, 2016, pp. 7-14.

Avolio, D. G., "The Market for Borrowing Stock", Journal of Financial Economics, Vol.66, No.2-3, 2002, pp. 271-306.

Avromov, D., T. Chordia and A. Goyal, "The Impact of Trades on Daily Volatility", Review of Financial Studies, Vol.19, No.4, 2006, pp. 1241-1277.

Axelrod, R. and L. Tesfatsion, "A Guide for Newcomers to Agent-Based Modeling in the Social Sciences", Handbook of Computational Economics, Vol. 2, No.5, 2006, pp. 1647-1659.

Babecky, J., T. Havránek, J. Matějů, et al., "Banking, Debt, and Currency Crises in Developed Countries: Stylized Facts and Early Warning Indicators", Journal of Financial Stability, Vol.15, 2014, pp. 1-17.

Bachlier, L., "Theory of Speculation", in P. Cootner ed., the Random Character of Stock Market Prices, Cambridge: MIT Press, 1964.

Bak, P., How Nature Works. New York: Springer-Verlag, 1996.

Baker, M. and J. Wurgler, "Investor Sentiment and the Cross-section of Stock Returns", The Journal of Finance, Vol.61, No.4, 2006, pp. 1645-1680.

Baker, M. and J. Wurgler, "Investor Sentiment in the Stock Market", Journal of Economic Perspectives, Vol.21, No.2, 2007, pp. 129-151.

Barberis, N., A. Shleifer and R. Vishny, "A Model of Investor Sentiment", Journal of Financial Economics, Vol.49, No.3, 1998, pp. 307-343.

Barberis, N., M. Huang and T. Santos, "Prospect Theory and Asset Prices", The Quarterly Journal of Economics, Vol.116, No.1, 2001, pp. 1-53.

Barberis, N. and R. Thaler, A Survey of Behavioral Finance, in Constantinidis and Harris and Stulz (Eds.) Handbook of the Economics of Finance, Elsevier, 2003, pp. 1053-1128.

Bardsley, N. and A. Ule, "Focal Points Revisited: Team Reasoning, the Principle of Insufficient Reason and Cognitive Hierarchy Theory", Journal of Economic Behavior & Organization, Vol.133, 2017, pp. 74-86.

Baumol, W. J., "Speculation, Profitability and Stability", Review of Economics and Statistics, Vol.39, 1957, pp. 263-271.

Beja, A. and M. B. Goldman, "On the Dynamic Behavior of Prices in Disequilibrium", Journal of Finance, Vol.35, No.2, 1980, pp. 235-248.

Benartzi, S. and R. H. Thaler, "Myopic Loss Aversion and the Equity Premium Puzzle", Quarterly Journal of Economics, Vol.110, No.1, 1995, pp. 73-92.

Berger, U., H. D. Silva and G. Fellner-Röhling, "Cognitive Hierarchies in the Minimizer Game", Journal of Economic Behavior & Organization, Vol. 130, 2016, pp. 337-348.

Biais, B., P. L. Bossaerts and C. S. Spatt, "Equilibrium Asset Pricing under Heterogeneous Information", SSRN Electronic Journal, Vol.23, 2003.

Birau, F. R., "Emerging Capital Market Efficiency: A Comparative Analysis of Weak-form Efficiency in Romania and Hungary in the Context of the Global Financial Crisis", Journal AI & Society, Vol.30, No.2, 2015, pp. 223-233.

Björk, T., Arbitrage Theory in Continuous Time, New York: Oxford University Press, 2009.

Black, F., "Noise", The Journal of Finance, Vol.41, No.3, 1986, pp.

529-543.

Blume, L. and D. Easley, "Evolution and Market Behavior", Journal of Economic Theory, Vol.58, No.1, 1992, pp. 9-40.

Blume, L. and S. Durlauf, The Economy as an Evolving Complex System Ⅲ, Oxford: Oxford University Press, 2005.

Bonabeau, E., M. Dorigo and G. Theraulaz, Swarm Intelligence: From Natural to Artificial Systems, Oxford: Oxford University Press, 1999.

Bonabeau, E., "Agent-based Modeling: Methods and Techniques for Simulating Human Systems", Proceedings of the National Academy of Sciences of the United States of America, Vol.99, No.10, 2002, pp. 7280-7287.

Bouchaud, J. P., J. D. Farmer and F. Lillo, How Markets Slowly Digest Changes in Supply and Demand, (Eds.) Handbook of Financial Markets: Dynamics and Evolution, San Diego: North-Holland, 2009, pp.57-160.

Brock, W. A. and C. H. Hommes, "A Rational Route to Randomness", Econometrica, Vol.65, No.5, 1997, pp. 1059-1095.

Brock, W. A. and Durlauf, S. N., "Discrete Choice with Social Interactions", Review of Economic Studies, Vol.68, No.2, 2001, pp.235-260.

Brock, W. A., Asset Price Behavior in Complex Environments, in Arthur, W., Durlauf, S. N. and Lane, D. ed., The Economy as an Evolving Complex System IC, Bowlder: Westview Press, 1997, pp.385-423.

Brown, B., Chasing the Same Signals: How Black Box Trading Influences Stock Markets from Wall Street to Shanghai, New York: Wiley, 2010.

Buchanan, M., "Meltdown Modeling: Could Agent-Based Computer Models Prevent Another Financial Crisis?", Nature, Vol.460, No.6, 2009, pp. 680-682.

Bullard, J. and J. Duffy, "A Model of Learning and Emulation with Artificial Adaptive Agents", Journal of Economic Dynamics and Control, Vol.22, No.2, 1998, pp. 179-207.

Camerer, C. F., T. H. Ho and J. K. Chong, "A Cognitive Hierarchy Model of

Games", Quarterly Journal of Economics, Vol.119, No.3, 2004, pp. 861-898.

Campbell, D., J. Crutchfield, J. Farmer, et al., "Experimental Mathematics: The Role of Computation in Nonlinear Science", Communications of the Acm, Vol.28, No.4, 1985, pp. 374-384.

Campbell, J. Y. and R. J. Shiller, "The Dividend-Price Ratio and Expectations of Future Dividends and Discount Factors", Review of Financial Studies, Vol.1, No.3, 1988, pp. 195-228.

Campbell, J. Y. and J. H. Cochrane, "By Force of Habit: A Consumption-based Explanation of Aggregate Stock Market Behavior", Journal of Political Economy, Vol.107, No.2, 1999, pp. 205-251.

Campbell, J. Y., "Asset Pricing at the Millennium", The Journal of Finance, Vol.55, No.4, 2000, pp. 1515-1567.

Cesaroni T, L. and M. M. Malgarini, "Business Cycle Stylized Facts and Inventory Behaviour: New Evidence for the Euro. Area", International Journal of Production Economics, Vol.133, No.1, 2011, pp. 12-24.

Challet, D., M. Marsili and Y. C. Zhang, "Minority Games and Stylized Facts", Physica A: Statistical Mechanics and its Applications, Vol.299, No.1, 2012, pp. 228-233.

Chen, M., From Markov Chains to Non-Equilibrium Particle Systems (2nd Edition), Singapore: World Scientific Publishing, 2004.

Chen, S. and L. He, "Multifractal Spectrum Analysis of Nonlinear Dynamical Mechanisms in China's Agricultural Futures Markets", Physica A: Statistical Mechanics and Its Applications, Vol.389, No.7, 2010, pp. 1434-1444.

Chiarella, C. and X. He, "Heterogeneous Beliefs, Risk and Learning in a Simple Asset Pricing Model", Computational Economics, Vol.19, No.1, 2002, pp. 95-132.

Chiarella, C. and X. He, "Heterogeneous Beliefs, Risk and Learning in a

Simple Asset Pricing Model with a Market Maker", Macroeconomic Dynamics, Vol.7, 2003, pp. 503–536.

Chiarella, C., R. Dieci and X. He, Heterogeneity, Market Mechanisms, and Asset Price Dynamics, in T. Hens, K. R. Schenk–Hoppé ed., Handbook of Financial Markets: Dynamics and Evolution, San Diego: North–Holland, 2009, pp. 277–344.

Christophers, B., "Seeing Financialization? Stylized Facts and the Economy Multiple", Geoforum, Vol.85, 2017, pp. 259–268.

Cont, R., "Empirical Properties of Asset Returns: Stylized Facts and Statistical Issues", Quantitative Finance, Vol.1, No.2, 2001, pp. 223–236.

Cont, R., Long Memory in Economics, Berlin: Springer, 2007.

Cootner, P., The Random Character of Stock Market Prices, Cambridge: MIT Press, 1964.

Cowles, A., "Can Stock Market Forecasters Forecast?", Econometrica, Vol. 1, No.3, 1933, pp. 309–324.

Dacorogna, M., R. Gencay and U. A. Muller, An Introduction to High–Frequency Finance, San Diego: Academic Press, 2001.

Daniel, K., D. Hirshleifer and A. Subrahmanyam, "Investor Psychology and Security Market Understand Overreactions", The Journal of Finance, Vol. 54, No.6, 1998, pp. 839–885.

Dawid, H., Adaptive Learning by Genetic Algorithms: Analytical Results and Applications to Economic Models, Berlin: Springer–Verlag, 1999.

De Bondt, M. F. and R. Thaler, "Does the Stock Market Overreact?", Journal of Finance, Vol.40, No.3, 1985, pp. 793–805.

Delong, J., Bradford A. S. and L. H. Summers, "Noise Trader Risk in Financial Markets", Journal of Political Economy, Vol.98, No.4, 1990, pp. 703–738.

Deneubourg, J. L., S. Aron, S. Goss, et al., "The Self–organizing Exploratory–Pattern of the Argentine Ant", Journal of Insect Behavior, Vol.3, No.

2, 1990, pp. 159–168.

Diks, C. and R. V. D. Weide, "Herding, A–synchronous Updating and Hete-rogeneity in Memory in a CBS", Journal of Economic Dynamics & Con-trol, Vol.29, No.4, 2005, pp. 741–763.

Doyne, F. J. and D. Foley, "The Economy Needs Agent–Based Modeling", Nature, Vol.460, No.6, 2009, pp. 685–686.

Drew, F. and T. Jean, Game Theory, Cambridge: Massachusetts Institute of Technology, 1991.

Duffy, J. and N. Feltovich, "Does Observation of Others Affect Learning in Strategic Environments? An Experimental Study", International Journal of Game Theory, Vol.28, No.1, 1999, pp. 131–152.

Duffy, J., Agent–Based Models and Human Subject Experiments, in Tesfat-sion and Judd ed., Handbook of Computational Economics, Vol.2: Agent–Based Computational Economics, Armsterdam: North–Holland, 2006, pp. 949–1011.

Easley, D., S. Hvidkjaer and M. O'Hara, "Factoring Information into Re-turns", Journal of Financial and Quantitative Analysis, Vol.45, No.2, 2010, pp. 293–309.

Eeckhoudt, L., A. Fiori and E. Rosazza Gianin, "Risk Aversion, Loss Aver-sion, and the Demand for Insurance", Risks, Vol.6, No.2, 2018.

Eisler, Z. and J. Kertész, "Liquidity and Themultiscaling Properties of the Volume Traded on the Stock Market", Europhysics Letters, Vol.77, No.2, 2007, pp. 1–7.

Epstein, L. and S. Zin, "First–order Risk Aversion and the Equity Premium Puzzle", Journal of Monetary Economics, Vol.26, No.3, 1990, pp. 387–407.

Evstigneev, I. V., T. Hens and K. R. Schenk–Hoppé, Evolutionary Finance, in T. Hens, K. R. Schenk–Hoppé ed., Handbook of Financial Markets: Dynamics and Evolution, San Diego: North–Holland, 2009, pp. 507–566.

Fagiolo, G., P. Windrum and A. Moneta, "Empirical Validation of Agent-Based Models: Alternatives and Prospects", Journal of Artificial Societies & Social Simulation, Vol.10, No.2, 2007, p. 8.

Fama, E. F., "Efficient Capital Markets: A Review of Theory and Empirical Work", The Journal of Finance, Vol.25, No.2, 1970, pp. 383-417.

Fama, E. F. and M. Miller, The Theory of Finance, New York: Holt, Rinehart & Winston, 1972.

Fama, E. F. and K. R. French, "Permanent and Temporary Components of Stock Prices", Journal of Political Economy, Vol.96, No.2, 1988, pp. 246-273.

Fama, E. F. and K. R. French, "Business Conditions and Expected Returns on Stocks and Bonds", Journal of Financial Economics, Vol.25, No. 1, 1989, pp. 23-49.

Farmer, J. D. and A. W. Lo, "Frontiers of Finance: Evolution and Efficient Markets", Proceedings of National Academy of Sciences of the United States of America, Vol.96, No.18, 1999, pp. 9991-9992.

Feng, L., B. Li, B. Podobini, et al., "Linking Agent-based Models and Stochastic Models of Financial Markets", PNAS, Vol.29, No.22, 2012, pp. 8388-8393.

Ferreira, F. F., V. M. de Oliveira, A. F. Crepaldi, et al., "Agent-based Model with Heterogeneous Fundamental Prices", Physica A: Statistical Mechanics and Its Applications, Vol.357, No.3, 2005, pp. 534-542.

Föllmer, H., "Random Economies with Many Interacting Agents", Journal of Mathematical Economics, Vol.1, No.1, 1974, pp. 51-62.

Föllmer, H. and M. Schweizer, "A Microeconomic Approach to Diffusion Models for Stock Prices", Mathematical Finance, Vol.3, No.1, 1993, pp. 1-23.

Frankel, J. and K. A. Froot, "Understanding the U.S. Dollar in the Eighties: The Expectations of Chartists and Fundamentalists", Specialissue Economic Record, Vol.62, 1986, pp. 24-38.

Friedman, M. and L. J. Savage, "The Utility Analysis of Choices Involving Risks", Journal of Political Economy, Vol.56, No.4, 1948, pp. 279-304.

Frydman, R. and M. D. Goldberg, Imperfect Knowledge Economics: Exchange Rates and Risk, Princeton: Princeton University Press, 2007.

Fudenberg, D. and J. Tirole, Game Theory, Cambridge: MIT Press, 1991.

Gabaix, X., P. Gopikrishnan, V. Plerou, et al., "A Theory of Power-law Distributions in Financial Market Fluctuations", Nature, Vol.423, 2003, pp. 267-270.

Gaunersdorfer, A., "Endogenous Fluctuations in a Simple Asset-pricing Model with Heterogeneous Beliefs", Journal of Economic Dynamics and Control, Vol.24, 2000, pp. 799-831.

Gilbert, D. T., "The Correspondence Bias", Psychological Bulletin, Vol.117, No.1, 1995, pp. 21-38.

Gilbert, N., Agent-based Models, Series: Quantitative Applications in the Social Sciences, London: SAGE Publications, 2008.

Gilbert, N., Agent-based Models, London: Sage Publications, 2012.

Gode, D. K. and S. Sunder, "Allocative Efficiency of Markets with Zero Intelligence Traders: Market as a Partial Substitute for Individual Rationality", Journal of Political Economy, Vol.101, No.1, 1993, pp. 119-137.

Gopikrishnan, P., V. Plerou, X. Gabaix, et al., "Price Fluctuations and Market Activity", Physica A: Statistical Mechanics and Its Applications, Vol.299, No.1-2, 2001, pp. 137-143.

Graham, B. and D. L. Dodd, Security Analysis, New York: McGraw-Hill, 1934.

Granovetter, M., "Threshold Models of Collective Behavior", American Sociological Review, Vol.83, No.6, 1978, pp. 1420-1443.

Griffin, J. M. and M. Lemmon, "Does Book-to-Market Equity Proxy for Distress Risk or Mispricing?", Journal of Finance, Vol.57, No.5, 2002, pp. 2317-2336.

Grundy, B. D. and Y. Kim, "Stock Market Volatility in a Heterogeneous Information Economy", Journal of Financial and Quantitative Analysis, Vol.37, No.1, 2002, pp. 1–27.

Harold, K., Classics in Game Theory, Princeton: Princeton University Press, 1997.

Hayek, F., "The Use of Knowledge in Society", American Economic Review, Vol.35, No.4, 1945, pp. 519–530.

Hirshleifer, D., "Investor Psychology and Asset Pricing", The Journal of Finance, Vol.56, No.4, 2001, pp. 1533–1597.

Hirshleifer, D. A., P. Hsu and D. Li, "Innovative Efficiency and Stock Returns", Journal of Financial Economics, Vol.107, 2013, pp. 632–654.

Hodgson, G. M., Economics and Evolution: Bringing Life Back into Economics, Ann Arbor: University of Michigan Press, 1993.

Holcombe, M., S. Chin, S. Cincotti, et al., "Large–scale Modelling of Economic Systems", Complex Systems, Vol.22, No.2, 2013, pp. 175–191.

Holland, J. H., Adaptation in Natural and Artifcial Systems, Ann Arbor: University of Michigan Press, 1975.

Holland, J. H. and J. H. Miller, "Artificial Adaptive Agents in Economic Theory", American Economic Review, Vol.81, No.2, 1991, pp. 365–370.

Holland, J. H., Emergence: From Chaos to Order, Redwood: Addison–Wesley, 1998.

Hommes, C. H., "Heterogeneous Agent Models in Economics and Finance", in (Eds.), Handbook of Computational Economics, Elsevier, 2006a, pp.1109–1186.

Hommes, C. H., "Interacting Agents in Finance", in (Eds.) New Palgrave Dictionary of Economics (2ed.), London: Palgrave Macmillan, 2006b.

Hommes, C. H. and F. Wagener, "Complex Evolutionary Systems in Behavioral Finance", in Hens and Schenk–Hoppé ed., Handbook of Financial Markets: Dynamics and Evolution, San Diego: North –Holland, 2009, pp. 217-276.

Hong, H. and J. C. Stein, "A Unified Theory of Underreaction, Momentum Trading and Overreaction in Asset Markets", Journal of Finance, Vol.54, No.6, 1999, pp. 2143-2184.

Horst, U., "Asymptotics of Locally Interacting Markov Chains with Global Signals", Advances in Applied Probability, Vol.34, No.2, 2002, pp. 416-440.

Horst, U., "Financial Price Fluctuations in a Stock Market Model with Many Interacting Agents", Economic Theory, Vol.25, No.4, 2005, pp. 917-932.

Iori, G., "A Microsimulation of Traders Activity in the Stock Market: The Role of Heterogeneity, Agents' Interactions and Trade Frictions", Journal of Economic Behavior & Organization, Vol.49, 2002, pp. 269-285.

Irle, A. and J. Kauschke, "Switching Rates and the Asymptotic Behavior of Herding Models", Advanced Complex System, Vol.14, No.3, 2011, pp. 359-376.

Jo, H., Y. Murase, J. Török, et al., "Stylized Facts in Social Networks: Community-based Static Modeling", Physica A: Statistical Mechanics and Its Applications, Vol.500, 2018, pp. 23-39.

Johansen, A., O. Ledoit and D. Sornette, "Crashes as Critical Points", International Journal of Theoretical & Applied Finance, Vol.3, No.2, 2000, pp. 219-255.

Jorion, P., Value at Risk: The New Benchmark for Managing Financial Risk (3rd ed.), McGraw-Hill Education, 2006.

Kahneman, D. and A. Tversky, "Prospect Theory: An Analysis of Decision under Risk", Econometrica, Vol.47, No.2, 1979, pp. 263-292.

Kalai, E. and E. Lehrer, "Rational Learning Leads to Nash Equilibrium", Econometrica, Vol.61, No.5, 1993, pp. 1019-1045.

Kaldor, N., "Capital Accumulation and Economic Growth", in F. A. Lutz and D. C. Hague (Eds). The Theory of Capital, London: Palgrave Macmillan, 1961, pp. 177–222.

Keeney, R. L. and H. Raiffa, Decisions with Multiple Objectives: Preferences and Value Tradeoffs, New York: Wiley, 1976.

Keshavarz, N., D. Nutbeam, L. Rowling, et al., "Schools as Social Complex Adaptive Systems: A New Way to Understand the Challenges of Introducing the Health Promoting Schools Concept", Social Science and Medicine, Vol. 70, No.10, 2010, pp. 1467–1474.

Keynes, J. M., The General Theory of Employment, Interest and Money, London: Palgrave Macmillan, 1936.

Kim, K. J., "Some Stylized Facts for Investment Strategies", Procedia Economics and Finance, Vol.29, 2015, pp. 200–216.

Kingman, J. F. C., Mathematics of Genetic Diversity, Philadelphia: Society for Industrial & Applied Mathematics, 1980.

Kirman, A., "Epidemics of Opinion and Speculative Bubbles in Financial Markets", in Taylor ed., Money and Financial Markets, Cambridge: Blackwell, 1991, pp. 354–368.

Kirman, A., "Ants, Rationality, and Recruitment", Quarterly Journal of Economics, Vol.108, No.1, 1993, pp. 137–156.

Kollman, K. and S. E. Page, "Computational Methods and Models of Politics", in Tesfatsion and Judd ed., Handbook of Computational Economics, Volume 2: Agent-Based Computational Economics, Armsterdam: North-Holland, 2006, pp. 1433–1463.

Kyle, A. S., "Continuous Auctions and Insider Trading", Econometrica, Vol. 53, No.6, 1985, pp. 1315–1335.

La Porta, R., J. Lakonishok, A. Shleifer, et al., "Good News for Value Stocks: Further Evidence on Market Efficiency", Journal of Finance, Vol. 52, No.2, 1997, pp. 859–874.

Lakonishok, J., A. Shleifer and R. W. Vishny, "Contrarian Investment, Extrapolation, and Risk", Journal of Finance, Vol.49, No.5, 1994, pp.

1541-1578.

LeBaron, B., W. B. Arthur and R. Palmer, "Time Series Properties of an Artificial Stock Market", Journal of Economic Dynamics and Control, Vol. 23, 1999, pp. 1487-1516.

LeBaron, B., "Agent-based Computational Finance: Suggested Reading and Early Research", Journal of Economic Dynamics and Control, Vol.24, No.5-7, 2000, pp. 679-702.

LeBaron, B., "Empirical Regularities from Interacting Long and Short-memory Investors in an Agent Based Stock Market", IEEE Transactions on Evolutionary Computation, Vol.5, No.5, 2001a, pp. 442-455.

LeBaron, B., "Evolution and Time Horizons in an Agent Based Stock Market", Macroeconomic Dynamics, Vol.5, No.2, 2001b, pp. 225-254.

LeBaron, B., "Short-memory Traders and Their Impact on Group Learning in Financial Markets", Proceedings of the National Academy of Science, Vol. 99, Supplement 3, 2002, pp. 7201-7206.

LeBaron, B., Agent-based Financial Markets: Matching Stylized Facts with Style, in Colander ed., Post Walrasian Macroeconomics: Beyond the DSGE Model, Cambridge: Cambridge University Press, 2006a, pp. 221-238.

LeBaron, B., "Agent-based Computational Finance", in Tesfatsion and Judd ed., Handbook of Computational Economics, Volume 2: Agent-Based Computational Economics, Armsterdam: North-Holland, 2006b, pp. 1187-1233.

LeBaron, B., "Heterogeneous Gain Learning and the Dynamics of Asset Prices", Journal of Economic Behavior & Organization, Vol.83, No. 3, 2012a, pp. 424-445.

LeBaron, B., "Wealth Dynamics and a Bias toward Momentum Trading", Finance Research Letters, Vol.9, No.1, 2012b, pp. 21-28.

Lebaron, B., "A Real Minsky Moment in an Artificial Stock Market", General Information, Vol.23, No.9, 2012c, pp. 1487-1516.

List, J. A. and M. S. Haigh, "A Simple Test of Expected Utility Theory Using Professional Traders", Proceedings of the National Academy of Sciences of the United States of America, Vol.102, No.3, 2005, pp. 945–948.

Lux, T., "Herd Behavior, Bubbles and Crashes", The Economic Journal, Vol.105, No.431, 1995, pp. 881–896.

Lux, T., "Time Variation of Second Moments from a Noise Trader/Infection Model", Journal of Economic Dynamics and Control, Vol.22, No. 1, 1997, pp. 1–38.

Lux, T., "The Socio–economic Dynamics of Speculative Markets: Interacting Agents, Chaos, and the Fat Tails of Return Distributions", Journal of Economic Behavior and Organization, Vol.33, No.2, 1998, pp. 143–165.

Lux, T. and M. Marchesi, "Scaling and Criticality in a Stochastic Multiagent Model of a Financial Market", Nature, Vol.397, 1999, pp. 498–500.

Lux, T. and S. Schornstein, "Genetic Learning as an Explanation of Stylized Facts of Foreign Exchange Markets", Journal of Mathematical Economics, Vol.41, No.1–2, 2005, pp. 169–196.

Lux, T., Stochastic Behavioral Asset–Pricing Models and the Stylized Facts, in Schenk–Hoppé (Eds.) Handbook of Financial Markets: Dynamics and Evolution, San Diego: North–Holland, 2009, pp. 161–215.

Lux, T. and R. C. J. Zwinkels, "Empirical Validation of Agent–Based Models", Social Science Electronic Publishing, 2017.

Mandelbrot, B., "The Variation of Certain Speculative Prices", Journal of Business, Vol.36, No.4, 1963, pp. 394–419.

Marek, S. and Š. Roman, "Financial Market Simulation Based on Intelligent Agents–case Study", Journal of Applied Economic Sciences, Vol.6, No. 17, 2011, pp. 249–256.

Menkhoff, L., "The Use of Technical Analysis by Fund Managers: International Evidence", Journal of Banking & Finance, Vol.34, No.11, 2010, pp. 2573–2586.

Miller, J. H. and S. E. Page, Complex Adaptive Systems: An Introduction to Computational Models of Social Life, Princeton: Princeton University Press, 2007.

Mirowski, P., Machine Dreams: Economics Becomes a Cyborg Science, Cambridge: Cambridge University Press, 2002.

Moskowitz, T. J. and M. Grinblatt, "Do Industries Explain Momentum?", Journal of Finance Vol.54, No.4, 1999, pp. 1249–1290.

Muchnik, L., A. Bunde and S. Havlin, "Long Term Memory in Extreme Returns of Financial Time Series", Physica A: Statistical Mechanics and Its Applications, Vol.388, No.19, 2009, pp. 4145–4150.

Mullainathan, S. and R. H. Thaler, Behavioral Economics, in James D. Wright ed., International Encyclopedia of the Social & Behavioral Sciences (Second Edition), Oxford: Elsevier, 2015, pp. 437–442.

NachBar, J. H., "Prediction, Optimization, and Learning in Repeated Games", Econometrica, Vol.65, No.2, 1997, pp. 275–309.

Nagel, R., "Unraveling in Guessing Games: An Experimental Study", The American Economic Review, Vol.85, No.5, 1995, pp. 1313–1326.

Oh, G., S. Kim and C. Eom, "Long-term Memory and Volatility Clustering in High-frequency Price Changes", Physica A: Statistical Mechanics and Its Applications, Vol.387, No.5–6, 2008, pp. 1247–1254.

Page, S. X., "Computational Economics from A to Z", Complexity, Vol.5, No.1, 2000, pp. 35–40.

Palmer, R. G., W. B. Arthur, J. H. Holland, et al., "Artificial Economic Life: A Simple Model of a Stockmarket", Physica D: Nonlinear Phenomena, Vol.75, No.1, 1994, pp. 264–274.

Plerou, V., P. Gopikrishnan, X. Gabaix, et al., "Quantifying Stock-price Response to Demand Fluctuations", Physical Review Economic, Vol.66, No.2, 2002, pp. 27–104.

Pliska, S. R., Introduction to Mathematical Finance: Discrete Time Models,

Oxford: Blackwell Publishing, 1997.

Plott, C. R. and S. Sunder, "Efficiency of Experimental Security Markets with Insider Information: An Application of Rational -expectations Models", Journal of Political Economy, Vol.90, No.4, 1982, pp. 663-698.

Pontiff, J., "Costly Arbitrage: Evidence from Closed-End Funds", Quarterly Journal of Economics, Vol.111, No.4, 1996, pp. 1135-1151.

Poterba, J. M. and L. H. Summers, "Mean Reversion in Stock Prices: Evidence and Implications", Journal of Financial Economics, Vol.22, No. 1, 1988, pp. 27-59.

Preis, T., W. Paul and J. Schneider, "Fluctuation Patterns in High-frequency Financial Asset Returns", A Letter Journal Exploring the Frontiers of Physics, Vol.82, No.6, 2008, pp. 124-130.

Preis, T., P. Virnau, W. Paul, et al., "Accelerated Fluctuation Analysis by Graphic Cards and Complex Pattern Formation in Financial Markets", New Journal of Physics, Vol.11, No.9, 2009, pp. 1-21.

Rabin, M., "Psychology and Economics", The Journal of Economic Literature, Vol.36, No.1, 1998, pp. 11-46.

Riechmann, T., "Learning and Behavioral Stability—An Economic Interpretation of Genetic Algorithms", The Journal of Evolutionary Economics, Vol. 9, No.2, 1999, pp. 225-242.

Riechmann, T., "Genetic Algorithm Learning and Evolutionary Games", The Journal of Economic Dynamics and Control, Vol.25, No.6, 2001a, pp. 1019-1037.

Riechmann, T., Learning in Economics: Analysis and Application of Genetic Algorithms, Berlin: Springer-Verlag, 2001b.

Rogers, B. W., T. R. Palfrey and C. F. Camerer, "Heterogeneous Quantal Response Equilibrium and Cognitive Hierarchies", Journal of Economic Theory, Vol.144, No.4, 2009, pp. 1440-1467.

Roll, R., "Orange Juice and Weather", American Economic Review, Vol.74,

No.5, 1984, pp. 861–880.

Rosemarie, N., "Unraveling in Guessing Games: An Experimental Study", American Economic Review, Vol.85, No.5, 1995, pp. 1313–1326.

Roth, A. E. and J. K. Murnighan, "Equilibrium Behavior and Repeated Play of the Prisoner's Dilemma", Journal of Mathematical Psychology, Vol.17, No.2, 1978, pp. 189–198.

Samanidou, E., E. Zschischang, D. Stauffer, et al., "Agent-based Models of Financial Markets", Reports on Progress in Physics, Vol.70, No. 3, 2007, pp. 409–450.

Sargent, T. J., Bounded Rationality in Macroeconomics, Oxford: Oxford University Press, 1993.

Schelling, T. C., Micromotives and Macrobehavior, New York: Norton, 1978.

Schenk-Hoppé, K. R., "Random Dynamical Systems in Economics", Stochastics and Dynamics, Vol.1, No.1, 2001, pp. 63–83.

Schleifer, A., Inefficient Markets, an Introduction to Behavioral Finance, Oxford, UK: Oxford University Press, 2000.

Schuster, H., "Complex Adaptive Systems", in Radons and Just ed., Collective Dynamics of Nonlinear and Disordered Systems, Germany: Springer, 2005.

Selten, R., "Features of Experimentally Observed Bounded Rationality", European Economic Review, Vol.42, No.3–5, 1998, pp. 413–436.

Sewell, M. V., "The Efficient Market Hypothesis: Empirical Evidence", International Journal of Statistics and Probability, 2012.

Shapley, L. and M. Shubik, "Trade Using One Commodity as a Means of Payment", Journal of Political Economy, Vol.85, No.5, 1977, pp. 937–968.

Shefrin, H. and M. Statman, "The Disposition to Sell Winners Too Early and Ride Losers Too Long: Theory and Evidence", The Journal of Finance, Vol.40, No.3, 1985, pp. 777–790.

Shefrin, H., A Behavioral Approach to Asset Pricing (2ed.), Burlington: Academic Press, 2008.

Shiller, R. J., "Do Stock Prices Move Too Much To be Justified by Subsequent Changes in Dividends?", American Economic Review, Vol.71, 1981, pp. 421-436.

Shiller, R. J., "Stock Prices and Social Dyanmics", Brookings Papers on Economic Activity, Vol.1984, No.2, 1984, pp. 457-510.

Shimokawa, T., K. Suzuki and T. Misawa, "An Agent-based Approach to Financial Stylized Facts", Physica A: Statistical Mechanics and Its Applications, Vol.379, No.1, 2007, pp. 207-225.

Shleifer, A. and R. Vishny, "The Limits of Arbitrage", The Journal of Finance, Vol.52, No.1, 1997, pp. 35-55.

Simon, H. A., Models of Man, New York: Wiley, 1957.

Simon, H. A., Models of Bounded Rationality, Cambridge: The MIT Press, 1984.

Stahl, D. O. and P. W. Wilson, "On Players' Models of Other Players: Theory and Experimental Evidence", Games and Economic Behavior, Vol.10, No.1, 1995, pp. 218-254.

Stambaugh, R. F., J. Yu and Y. Yuan, "The Short of It: Investor Sentiment and Anomalies", Journal of Financial Economics, Vol.104, No.2, 2012, pp. 288-302.

Stiglitz, J. E. and A. Weiss, "Asymmetric Information in Credit Markets and Its Implications for Macro-economics", Oxford Economic Papers, Vol.44, No.4, 1992, pp. 694-724.

Taylor, M. and H. Allen, "The Use of Technical Analysis in the Foreign Exchange Market", The Journal of International Money and Finance, Vol. 11, No.3, 1992, pp. 304-314.

Tesfatsion, L., "Agent-Based Computational Economics: A Guide to the Literature", Computational Economics, Vol.114, No.3, 2001, pp. 707-738.

Tesfatsion, L., "Agent-based Computational Economics: Growing Economics from the Bottom up", Artificial Life, Vol.8, No.1, 2002, pp. 55-82.

Tesfatsion, L., "Agent-based Computational Economics: Modeling Economies as Complex Adaptive Systems", Information Science, Vol.149, No.4, 2003, pp. 262-268.

Tesfatsion, L., Agent-Based Computational Economics: A Constructive Approach to Economic Theory, in Tesfatsion and Judd ed., Handbook of Computational Economics, Volume 2: Agent-Based Computational Economics, Armsterdam: North-Holland, 2006, pp. 831-880.

Thaler, R. and E. Johnson, "Gambling with the House Money and Trying to Break Even: The Effects of Prior Outcomes on Risky Choice", Management Science, Vol.36, No.6, 1990, pp. 643-660.

Thaler, R., A. Tversky and D. Kahneman, "The Effect of Myopia and Loss Aversion on Risk-taking: An Experimental Test", Quarterly Journal of Economics, Vol.112, No.2, 1997, pp. 647-661.

Thaler, R. H. R., "Mental Accounting Matters", The Journal of Behavioral Decision Making, Vol.12, No.3, 1999, pp. 183-206.

Titan, A. G., "The Efficient Market Hypothesis: Review of Specialized Literature and Empirical Research", Procedia Economics and Finance, Vol. 32, 2015, pp. 442-449.

Trimborn, T., M. Frank and S. Martin, "Mean Field Limit of a Behavioral Financial Market Model", Physica A: Statistical Mechanics and its Applications, Vol.505, 2018, pp. 613-631.

Tsang, P. K. and S. M. Jaramillo, "Computational Finance", IEEE Computational Intelligence Society Newsletter, 2004, pp. 3-8.

Tversky, A. and D. Kahneman, "Judgment under Uncertainty: Heuristics and Biases", Science, Vol.185, No.4157, 1974, pp. 1124-1131.

Tversky, A. and D. Kahneman, "Advances in Prospect Theory: Cumulative Representation of Uncertainty", The Journal of Risk and Uncertainty, Vol. 5, No.4, 1992, pp. 297-323.

Vaga, T., "The Coherent Market Hypothesis", Financial Analysts Journal, Vol.46, No.6, 1990, pp. 36–49.

Villena, M. J. and L. Reus, "On the Strategic Behavior of Large Investors: A Mean−variance Portfolio Approach", European Journal of Operational Research, Vol.254, No.2, 2016, pp. 679–688.

Vissing−Jorgensen, A., "Perspective on Behavioral Finance: Does 'Irrationality' Disappear with Wealth? Evidence from Expectations and Actions", NBER Macroeconomics Annual, Vol.18, 2003, pp. 139–194.

Waldrop, M. M., Complexity: The Emerging Science at the Edge of Order and Chaos, New York: Simon and Schuster, 1992.

Wolfers J. and E. Zitzewitz, "Prediction Markets", The Journal of Economic Perspect, Vol.18, No.2, 2004, pp. 107–126.

Woodcock, A. E. R., "Catastrophe Theory: Predicting the Unpredictable", Machine Design, Vol.49, No.3, 1977, pp. 86–91.

Wu, B., Interacting Systems and Subordinated Systems in Time−varying and Random Environments, PhD Dissertation, Carleton University, 2005.

Wurgler, J. and E. Zhuravskaya, "Does Arbitrage Flatten Demand Curves for Stocks?", The Journal of Business, Vol.75, No.4, 2002, pp. 583–609.

Xiao, S. and Q. Yue, "Investors' Inertia Behavior and Their Repeated Decision−making in Online Reward−based Crowdfunding Market", Decision Support Systems, Vol.111, 2018, pp. 101–112.

Yu, J. and Y. Yuan, "Investor Sentiment and the Mean−variance Relation", The Journal of Financial Economics, Vol.100, No.2, 2011, pp. 367–381.

Zacharias, G. L., J. MacMillan and B. S. V. Hemel, "Behavioral Modeling and Simulation: From Individuals to Societies", Journal of Artificial Societies and Social Simulation, Vol.12, No.3, 2008, pp. 291–304.

索　引

后　记

　　本书是我历经多年的学术思考与内心沉淀，在博士论文的基础上不断深化与完善才得以完稿。从博士研究生的选题到博士后研究，一直延续到现在的研究工作，复杂性理论与经济行为研究一直是我感兴趣并为之努力的领域。

　　本书是阶段性工作的总结与后续追求的再度起程。中国社会科学院研究生院三年的博士求学生涯，为我从事学术研究奠定了基础，激发了我对学术研究的追求。从对行为金融与计算实验领域的探索到系统科学视角下市场与政府行为关系研究，坚持在复杂性科学与系统理论的指导下开展研究工作。

　　学术研究需要不断历练与思考，从事科学研究需要天时、地利、人和的协调融合；一路走来，亲人的无私奉献与默默付出，各位恩师、挚友的大力指导与倾情关怀以及单位领导和同事的关怀与帮助，无不是我成长与前进的动力，在此一并表示感谢！感谢我的博士生导师王国成教授的悉心指导与一贯支持，在学业与工作上都给予了我大量的帮助，经常鼓励我们做原创性研究，做对社会与国家发展有积极贡献的工作。感谢我的博士后合作导师郭雷院士的热情关怀与支持，他时常关心着我在博士后期间对系统科学的研究工作是否对当下的工作有所帮助与裨益，并不断鼓励我将复杂系统理论应用到科技管理与政策研究中。

　　感谢汪同三学部委员与林群院士两位经济学与数学泰斗对我自博士求学以来的悉心指导与无私关爱，钦佩你们的渊博学识以及对科学真理的孜孜以求。

　　感谢美国圣菲研究所 John H. Miller 与 Scott H. Page 两位教授，自参加

2012 年在阿尔伯克基举办的"计算社会科学与复杂性"研讨班以来，两位教授的指点与关心让我能时常感受到"社会计算科学与复杂经济学"国际前沿研究成果的鼓舞。感谢 W. Arthur Brian 教授在复杂经济学领域的开创性贡献与在技术本质方面的研究成果促使我将经济与技术不断融合，激励我从复杂性科学的视角探索两者的内在逻辑。

感谢工作单位中国科学院科技战略咨询研究院院领导与同事营造的良好治学环境与温馨的人文氛围，使我得以专心完成本著作的后续工作。

特别感激先生与茸茸宝宝的支持与陪伴，感谢父母这些年的培育与挚爱。

谨以此书献给我的家人，我爱你们！你们的爱是我不断前行与进步的动力之源！

感激经济管理出版社的宋娜主任与编辑们的辛勤付出与奉献。

鉴于本人学识、能力所限，本书难免会存在疏漏与不当之处，希望广大读者批评指正，我将在后续的研究工作中不断改进与完善。

隆云滔

戊戌年己未月甲子日于中关村

专家推荐表

第七批《中国社会科学博士后文库》专家推荐表 1

推荐专家姓名	林　群	行政职务	院士
研究专长	计算数学、微积分、金融工程等	电　话	
工作单位	中国科学院数学与系统科学研究院	邮　编	100190
推荐成果名称	复杂投资行为与资本市场异象——计算实验金融研究		
成果作者姓名	隆云滔		

（对书稿的学术创新、理论价值、现实意义、政治理论倾向及是否达到出版水平等方面做出全面评价，并指出其缺点或不足）

　　本作品在复杂适应系统与一体化建模分析框架下，研究投资者行为的异质性以及信息不对称分布等原因造成的复杂投资行为，利用计算实验金融方法，结合人类真实主体行为实验与虚拟主体计算实验的比较研究方法，构建基于投资者主体的一体化模型，模拟分析个人投资者异质性行为，并对机构投资者与个人投资者的投资行为进行模拟比较，研究不对称投资行为与资本市场典型化事实的内在联系，具有良好的学术价值和重要的现实意义。

　　本作品对不对称投资行为分析、资本市场典型化事实的理论与实证文献，特别是行为金融学、博弈实验以及计算实验的发展等方面的研究成果进行了全面整理，系统介绍了经济社会计算实验的应用研究理论基础与方法，文献的数量和质量，以及能够支撑作品的论点。

　　主要创新点如下：①在复杂适应系统思维框架下，利用计算实验金融方法分析投资者行为的异质性，详细论证信息不对称是导致不对称投资行为的根源以及二者相互之间的关系；②拓展投资者情绪模型与认知层次模型的一些结论，引入异质性信念，对投资者在"熊市"与"牛市"的表现进行验证解释；③通过计算实验金融分析，着重分析机构投资者与个人投资者的不对称投资行为，阐释人类社会复杂经济行为的产生都是源于个人的异质性与交互性，为揭示微观个体行为影响宏观经济的途径提供新的研究思路。作品观点明确，层次分明。整体结构合理，论据、论点、公式正确，行文通畅，逻辑严谨。推荐优先出版。

签字：林群

2018 年 1 月 15 日

说明：该推荐表由具有正高职称的同行专家填写。一旦推荐书稿入选《博士后文库》，推荐专家姓名及推荐意见将印入著作。

第七批《中国社会科学博士后文库》专家推荐表 2

推荐专家姓名	汪同三	行政职务	学部委员
研究专长	数量经济学理论与方法、经济模型、经济预测	电　话	
工作单位	中国社会科学院数量经济与技术经济研究所	邮　编	100732
推荐成果名称	复杂投资行为与资本市场异象——计算实验金融研究		
成果作者姓名	隆云滔		

（对书稿的学术创新、理论价值、现实意义、政治理论倾向及是否达到出版水平等方面做出全面评价，并指出其缺点或不足）

　　本书稿在复杂适应系统与一体化建模分析框架下，研究复杂投资行为与资本市场典型化事实宏观涌现之间的内在对应关系，属于前沿性科学研究，具有重要的学术理论意义与实践价值，特别是对探索资本市场宏观复杂现象与微观投资者之间的传导机理等具有启发作用。书稿运用计算实验金融研究思路，采用人类真实主体行为实验与虚拟主体计算实验相结合的比较研究方法，构建基于投资者主体的一体化模型，加入投资行为的异质性因素，拓展了投资者认知层次模型与投资者情绪模型。结合我国资本市场实际数据，重点分析我国投资者真实行为特点，为我国资本市场政策的制定与发展提供理论依据。本书稿将自然科学研究方法较好地融入到经济社会科学领域，在资本市场上探析基于人类真实主体实验与虚拟主体计算实验相结合的技术方法的应用，具有方法论上的探索意义，对相关学科的发展具有一定的开创性意义。

　　该书稿文献综述分析全面，引用得体；认真梳理了不对称投资行为分析、资本市场典型化事实的理论与实证文献，系统介绍了经济社会计算实验的应用研究理论基础与方法，所引文献能够支撑书稿的写作。

　　书稿主要有以下创新：① 在复杂适应系统思维与一体化建模框架下，利用计算实验金融方法分析异质性投资行为，深入研究信息不对称与投资行为及其内在的对应关系；②拓展了投资者情绪模型与认知层次模型的一些结论，引入异质性信念，解释了对不同类型投资者在"熊市"与"牛市"以及政策信号、市场基本面的响应及对策；③通过计算实验金融方法分析机构投资者与个人投资者的行为特点，阐释人类社会复杂经济现象源于个体行为的异质性与交互性，为揭示微观个体行为影响宏观复杂经济的机理提供新的研究视角。

　　书稿观点新颖，层次分明。框架结构合理，文笔通畅，逻辑严谨。建议补充最新的研究成果，结合资本市场真实交易数据与具体案例，深入挖掘投资者复杂行为及其机理，提炼出更有理论价值的数学模型。符合出版要求，推荐出版。

签字：汪同三

2018 年 1 月 16 日

说明：该推荐表由具有正高职称的同行专家填写。一旦推荐书稿入选《博士后文库》，推荐专家姓名及推荐意见将印入著作。

经济管理出版社
《中国社会科学博士后文库》
成果目录

第二批《中国社会科学博士后文库》（2013年出版）

序号	书　名	作　者
1	《国有大型企业制度改造的理论与实践》	董仕军
2	《后福特制生产方式下的流通组织理论研究》	宋宪萍
3	《基于场景理论的我国城市择居行为及房价空间差异问题研究》	吴　迪
4	《基于能力方法的福利经济学》	汪毅霖
5	《金融发展与企业家创业》	张龙耀
6	《金融危机、影子银行与中国银行业发展研究》	郭春松
7	《经济周期、经济转型与商业银行系统性风险管理》	李关政
8	《境内企业境外上市监管若干问题研究》	刘　轶
9	《生态维度下土地规划管理及其法制考量》	胡耘通
10	《市场预期、利率期限结构与间接货币政策转型》	李宏瑾
11	《直线幕僚体系、异常管理决策与企业动态能力》	杜长征
12	《中国产业转移的区域福利效应研究》	孙浩进
13	《中国低碳经济发展与低碳金融机制研究》	乔海曙
14	《中国地方政府绩效评估系统研究》	朱衍强
15	《中国工业经济运行效益分析与评价》	张航燕
16	《中国经济增长：一个"被破坏性创造"的内生增长模型》	韩忠亮
17	《中国老年收入保障体系研究》	梅　哲
18	《中国农民工的住房问题研究》	董　昕
19	《中美高管薪酬制度比较研究》	胡　玲
20	《转型与整合：跨国物流集团业务升级战略研究》	杜培枫

第三批《中国社会科学博士后文库》(2014年出版)

序号	书　名	作　者
1	《程序正义与人的存在》	朱　丹
2	《高技术服务业外商直接投资对东道国制造业效率影响的研究》	华广敏
3	《国际货币体系多元化与人民币汇率动态研究》	林　楠
4	《基于经常项目失衡的金融危机研究》	匡可可
5	《金融创新及其宏观效应研究》	薛昊旸
6	《金融服务县域经济发展研究》	郭兴平
7	《军事供应链集成》	曾　勇
8	《科技型中小企业金融服务研究》	刘　飞
9	《农村基层医疗卫生机构运行机制研究》	张奎力
10	《农村信贷风险研究》	高雄伟
11	《评级与监管》	武　钰
12	《企业吸收能力与技术创新关系实证研究》	孙　婧
13	《统筹城乡发展背景下的农民工返乡创业研究》	唐　杰
14	《我国购买美国国债策略研究》	王　立
15	《我国行业反垄断和公共行政改革研究》	谢国旺
16	《我国农村剩余劳动力向城镇转移的制度约束研究》	王海全
17	《我国吸引和有效发挥高端人才作用的对策研究》	张　瑾
18	《系统重要性金融机构的识别与监管研究》	钟　震
19	《中国地区经济发展差距与地区生产率差距研究》	李晓萍
20	《中国国有企业对外直接投资的微观效应研究》	常玉春
21	《中国可再生资源决策支持系统中的数据、方法与模型研究》	代春艳
22	《中国劳动力素质提升对产业升级的促进作用分析》	梁泳梅
23	《中国少数民族犯罪及其对策研究》	吴大华
24	《中国西部地区优势产业发展与促进政策》	赵果庆
25	《主权财富基金监管研究》	李　虹
26	《专家对第三人责任论》	周友军

第四批《中国社会科学博士后文库》（2015 年出版）

序号	书　名	作　者
1	《地方政府行为与中国经济波动研究》	李　猛
2	《东亚区域生产网络与全球经济失衡》	刘德伟
3	《互联网金融竞争力研究》	李继尊
4	《开放经济视角下中国环境污染的影响因素分析研究》	谢　锐
5	《矿业权政策性整合法律问题研究》	郗伟明
6	《老年长期照护：制度选择与国际比较》	张盈华
7	《农地征用冲突：形成机理与调适化解机制研究》	孟宏斌
8	《品牌原产地虚假对消费者购买意愿的影响研究》	南剑飞
9	《清朝旗民法律关系研究》	高中华
10	《人口结构与经济增长》	巩勋洲
11	《食用农产品战略供应关系治理研究》	陈　梅
12	《我国低碳发展的激励问题研究》	宋　蕾
13	《我国战略性海洋新兴产业发展政策研究》	仲雯雯
14	《银行集团并表管理与监管问题研究》	毛竹青
15	《中国村镇银行可持续发展研究》	常　戈
16	《中国地方政府规模与结构优化：理论、模型与实证研究》	罗　植
17	《中国服务外包发展战略及政策选择》	霍景东
18	《转变中的美联储》	黄胤英

第五批《中国社会科学博士后文库》（2016 年出版）

序号	书　名	作　者
1	《财务灵活性对上市公司财务政策的影响机制研究》	张玮婷
2	《财政分权、地方政府行为与经济发展》	杨志宏
3	《城市化进程中的劳动力流动与犯罪：实证研究与公共政策》	陈春良
4	《公司债券融资需求、工具选择和机制设计》	李　湛
5	《互补营销研究》	周　沛
6	《基于拍卖与金融契约的地方政府自行发债机制设计研究》	王治国
7	《经济学能够成为硬科学吗?》	汪毅霖
8	《科学知识网络理论与实践》	吕鹏辉
9	《欧盟社会养老保险开放性协调机制研究》	王美桃
10	《司法体制改革进程中的控权机制研究》	武晓慧
11	《我国商业银行资产管理业务的发展趋势与生态环境研究》	姚　良
12	《异质性企业国际化路径选择研究》	李春顶
13	《中国大学技术转移与知识产权制度关系演进的案例研究》	张　寒
14	《中国垄断性行业的政府管制体系研究》	陈　林

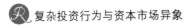

第六批《中国社会科学博士后文库》（2017 年出版）

序号	书　名	作　者
1	《城市化进程中土地资源配置的效率与平等》	戴媛媛
2	《高技术服务业进口技术溢出效应对制造业效率影响研究》	华广敏
3	《环境监管中的"数字减排"困局及其成因机理研究》	董　阳
4	《基于竞争情报的战略联盟关系风险管理研究》	张　超
5	《基于劳动力迁移的城市规模增长研究》	王　宁
6	《金融支持战略性新兴产业发展研究》	余　剑
7	《清乾隆时期长江中游米谷流通与市场整合》	赵伟洪
8	《文物保护经费绩效管理研究》	满　莉
9	《我国开放式基金绩效研究》	苏　辛
10	《医疗市场、医疗组织与激励动机研究》	方　燕
11	《中国的影子银行与股票市场：内在关联与作用机理》	李锦成
12	《中国应急预算管理与改革》	陈建华
13	《资本账户开放的金融风险及管理研究》	陈创练
14	《组织超越——企业如何克服组织惰性与实现持续成长》	白景坤

第七批《中国社会科学博士后文库》（2018 年出版）

序号	书　名	作　者
1	《行为金融视角下的人民币汇率形成机理及最优波动区间研究》	陈　华
2	《设计、制造与互联网"三业"融合创新与制造业转型升级研究》	赖红波
3	《复杂投资行为与资本市场异象——计算实验金融研究》	隆云滔
4	《长期经济增长的趋势与动力研究：国际比较与中国实证》	楠　玉
5	《流动性过剩与宏观资产负债表研究：基于流量存量一致性框架》	邵　宇
6	《绩效视角下我国政府执行力提升研究》	王福波
7	《互联网消费信贷：模式、风险与证券化》	王晋之
8	《农业低碳生产综合评价与技术采用研究——以施肥和保护性耕作为例》	王珊珊
9	《数字金融产业创新发展、传导效应与风险监管研究》	姚　博
10	《"互联网+"时代互联网产业相关市场界定研究》	占　佳
11	《我国面向西南开放的图书馆联盟战略研究》	赵益民
12	《全球价值链背景下中国服务外包产业竞争力测算及溢出效应研究》	朱福林
13	《债务、风险与监管——实体经济债务变化与金融系统性风险监管研究》	朱太辉

《中国社会科学博士后文库》
征稿通知

  为繁荣发展我国哲学社会科学领域博士后事业，打造集中展示哲学社会科学领域博士后优秀研究成果的学术平台，全国博士后管理委员会和中国社会科学院共同设立了《中国社会科学博士后文库》（以下简称《文库》），计划每年在全国范围内择优出版博士后成果。凡入选成果，将由《文库》设立单位予以资助出版，入选者同时将获得全国博士后管理委员会（省部级）颁发的"优秀博士后学术成果"证书。

  《文库》现面向全国哲学社会科学领域的博士后科研流动站、工作站及广大博士后，征集代表博士后人员最高学术研究水平的相关学术著作。征稿长期有效，随时投稿，每年集中评选。征稿范围及具体要求参见《文库》征稿函。

联系人：宋　娜　主任

联系电话：01063320176；13911627532

电子邮箱：epostdoctoral@126.com

通讯地址：北京市海淀区北蜂窝 8 号中雅大厦 A 座 11 层经济管理出版社《中国社会科学博士后文库》编辑部

邮编：100038

经济管理出版社